W

Edith Werner

Asien für Anfänger

Streifzüge durch Singapur

Wiesenburg Verlag

Reiseimpressionen

Bibliographische Information der
Deutschen Nationalbibliothek:

Die Deutsche Nationalbibliothek verzeichnet diese
Publikation in der Deutschen Nationalbibliographie;
detaillierte bibliographische Daten sind im Internet
über http://dnb.d-nb.de abrufbar.

1. Auflage 2012
Wiesenburg Verlag
Postfach 4410 · 97412 Schweinfurt
www.wiesenburgverlag.de

ISBN 978-3-942063-96-8

Manche haben die andere Welt
unter einem Kieselstein gefunden

Alfian bin Sa'at

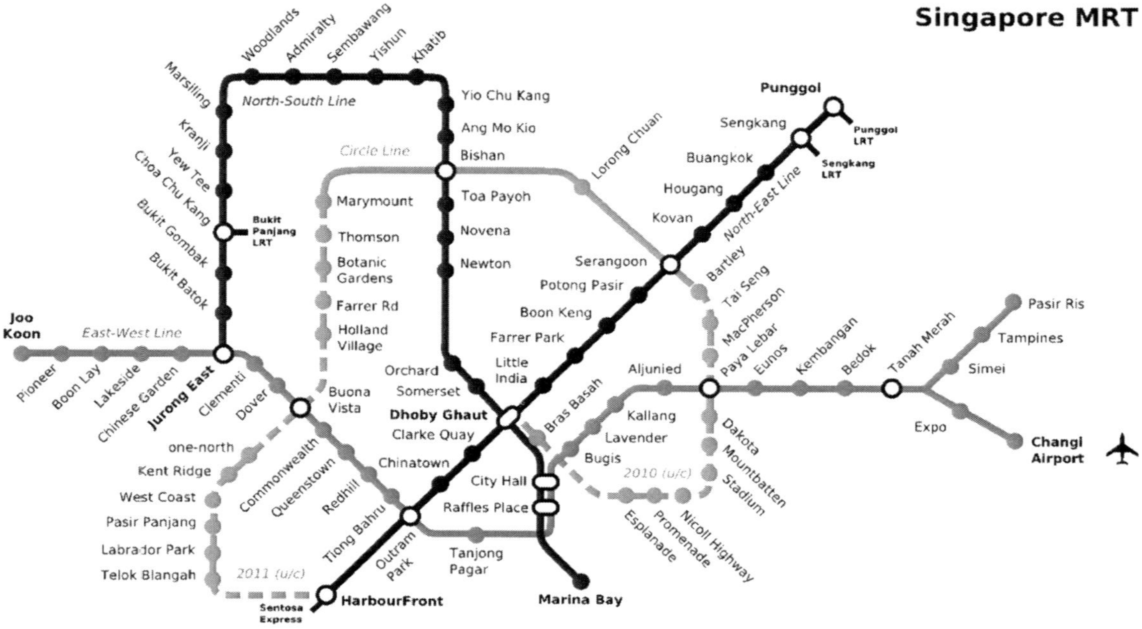
Singapore MRT
North-South Line
Circle Line
North-East Line
East-West Line
Woodlands
Admiralty
Sembawang
Yishun
Khatib
Marsiling
Kranji
Yew Tee
Choa Chu Kang
Bukit Panjang LRT
Bukit Gombak
Bukit Batok
Yio Chu Kang
Ang Mo Kio
Bishan
Toa Payoh
Novena
Newton
Orchard
Somerset
Dhoby Ghaut
Lorong Chuan
Marymount
Thomson
Botanic Gardens
Farrer Rd
Holland Village
Buona Vista
Punggol
Punggol LRT
Sengkang
Sengkang LRT
Buangkok
Hougang
Kovan
Serangoon
Potong Pasir
Boon Keng
Farrer Park
Little India
Clarke Quay
Chinatown
Outram Park
HarbourFront
Sentosa Express
Bartley
Tai Seng
MacPherson
Paya Lebar
Eunos
Kembangan
Bedok
Tanah Merah
Pasir Ris
Tampines
Simei
Expo
Changi Airport
Joo Koon
Pioneer
Boon Lay
Lakeside
Chinese Garden
Jurong East
Clementi
Dover
one-north
Kent Ridge
West Coast
Pasir Panjang
Labrador Park
Telok Blangah
2011 (u/c)
Commonwealth
Queenstown
Redhill
Tiong Bahru
Tanjong Pagar
Raffles Place
City Hall
Marina Bay
Bras Basah
Aljunied
Kallang
Lavender
Bugis
2010 (u/c)
Esplanade
Promenade
Nicoll Highway
Stadium
Mountbatten
Dakota

Inhalt

Vorwort

Von Buenos Aires hat es mich nach Singapur verschlagen. Von der Stadt des Tango und der Belle Epoque, in ihre Vergangenheit verliebt wie keine, gerate ich in eine Stadt, die sich täglich neu erfindet, entschlossen, die Zukunft zu erobern. Zwischen den alten chinesischen *shophouses* und den schwindelnd hohen Wolkenkratzern suche ich meinen Weg in den ersten zwei Wochen des Ausprobierens, ob ich hier eine Zeit lang leben möchte.

Für viele Reisende ist Singapur mit seinem Flughafen voller Orchideen und tropischer Gärten, auf den es so stolz ist, nur ein Umsteigebahnhof zu anderen asiatischen und pazifischen Zielen. Es gilt als bestens organisiert, aber etwas langweilig. Längst überholte Geschichten von Strafen für Kaugummikauen wollen nicht aussterben.

Ich bleibe und entdecke, wie tief Singapur in Asien verwurzelt ist. Asien in der Nussschale des 700 Quadratkilometer großen Inselstaats und dazu ein Stück Megalopolis der Zukunft. Das erlebe ich in Singapur jeden Tag aufs Neue. Und es ist ein Fenster zu den Nachbarländern. Malaysia, der nahe Verwandte, Indonesien mit seinem riesigen Inselreich, Hongkong, der ewige Rivale, und das Mutterland China, aber auch Thailand, Burma und Vietnam rücken nahe. Japan ist nicht minder präsent. Singapurer werden mit Billigflugangeboten in die Nachbarstaaten geradezu bombardiert. Man macht Ferien auf Langkawi in Malaysia oder Phuket in Thailand wie wir auf Mallorca oder man besucht die Verwandten in China und Indien.

So geraten meine zwei Jahre in Singapur zum asiatischen Intensivkurs. Der Tupfen im südchinesischen Meer an der Spitze Südostasiens hat es in sich.

Eine Stadt, viele Gesichter

Singapur ist Einwandererstadt. Das war sie seit ihrem mythischen Beginn vor einigen hundert Jahren als Singapura – die Löwenstadt. So nannte sie der malaiische Prinz Sang Nila Utama. Er war selbst eingewandert. Auf Abenteuer aus, segelte der jüngste Sohn eines Rajas von Sumatra bis vor die Küste der Insel. Hier kam er in so schwere See, dass er seine Krone in die tosenden Wasser werfen musste, um sie zu beruhigen. Er ging an Land und sah einen Löwen im Urwalddickicht. Sang Nila Ulama blieb, und gründete die Stadt Singapura. *Merlion*, der mythische Löwe, halb Meerestier, halb Wildkatze, wurde später zum Wappentier der Stadt. Singapura blühte und gedieh, bis Prinz Utamas Nachkommen sie vor angreifenden Nachbarn nicht mehr verteidigen konnten und nach Malakka im heutigen Malaysia flüchteten.

Dann wurde es ein paar Jahrhunderte still um Singapur bis im frühen 19. Jahrhundert die englische Kolonialmacht in Gestalt von Sir Stamford Raffles auf die Bühne trat.

Der Beauftragte der britischen Handelsgesellschaft East India Company erkannte den strategischen Wert von Singapur und sein Potential als Freihafen. Er wollte ein *emporium*, einen Handelsplatz schaffen, und das ist Singapur noch heute. Schon vor 100 Jahren verdiente es sich Etikette wie *das perfekte kommerzielle Babel, eine Unterrichtsstunde in Kapitalismus, die kosmopolitischste Stadt im Fernen Osten* und *der schwimmende Marktplatz*. So von Iain Manley in seiner Anthologie *Geschichten aus dem alten Singapur* zusammengetragen._Schon 1833, bald nachdem die Engländer das Ruder übernommen hatten, schrieb der englische Seemann George Windsor Earl:

Ständig kommen Schiffe aus allen Teilen der Welt an,… und die Flaggen von Großbritannien, Holland, Frankeich und Amerika mischen sich mit den Segeln chinesischer Dschunken und den kräftigen Farben malaiischer perahus… Ein Völkergemisch aus der ganzen südostasiatischen Inselwelt und dem kontinentalen Indien bewohnt Singapur. Chinesen, Malaien, Bugis, Javanesen, Balinesen, Bengalen, Einheimische aus Madras, Perser, Araber, Kaffir (Afrikaner) kann man im Umkreis von einigen Meilen finden.

Singapurs Frachthafen ist nach Shanghai und vor Rotterdam der zweitwichtigste weltweit. Den ewigen Konkurrenten Hongkong konnte es vor ein paar Jahren überrunden. Mehr als 127.000 Frachtschiffe mit 1,92 Milliarden Bruttoregistertonnen Ladung wurden 2010 von der Hafenbehörde abgefertigt. Mit 600 anderen Häfen in 123 Ländern gibt es Warenaustausch. Schiffsmakler Henry Wong zeigt mir eines Tages eine riesige Baustelle an der Marina Bay. Hier wird der neue Tiefseehafen für Kreuzfahrtschiffe ausgebaut. Schon 2012 soll er fertig sein. Auch ein neuer Frachthafen ist geplant.

Der weitsichtige Stamford Raffles ist denn auch überall präsent. Das Raffles Hotel mit seinen Innenhöfen und schattigen Kolonnaden ist die schönste und traditionsreichste Herberge am Ort, in der schon Somerset Maugham am Singapore Sling, dem rosigen Cocktail aus Gin, Cherry Brandy und Ananassaft, genippt hat und unter dessen Billardtisch der letzte Tiger der Insel geschossen wurde. Die Raffles Institution ist die beste Schule. Lässig steht der steinerne Stadterneuerer mitten im Kolonialbezirk am Empress Place. Singapur geht mit seiner kolonialen Vergangenheit ebenso lässig um. Man hat keine Komplexe, und so kann man die britische Zeit mühelos integrieren. Am *Padang,* der zentralen Grünfläche, wird weiterhin Cricket gespielt. Englisch ist die Verkehrssprache des Inselstaats.

Als Handelsplatz hatten chinesische Kaufleute Singapur schon lange vorher entdeckt. Wang Dayuan, ein chinesischer Händler, kam schon im 14. Jahrhundert an Bord einer Dschunke mit seinen Handelswaren vorbei. Er brachte Seide und Porzellan aus China und erwarb hier Schnäbel des Nashornvogels, Baumwolle und Holz für die Herstellung von Lackkästen. In seinem Logbuch berichtete er von einer chinesischen Siedlung im malaiischen Temasek, was so viel wie Stadt am Meer bedeutete. Erst später unter Sang Nila Utama wurde es zu Singapura und schließlich zu Singapore. Temasek lebt noch in den Namen einiger Institutionen fort, und in der malaiischen Nationalhymne heißt es weiterhin Singapura. *Majulah Singapura / Singapur voran!* Diesen Refrain der Hymne kann man bei allen öffentlichen Veranstaltungen hören.

Straits-Chinesen

Singapur ist heute wie eh und je eine Vielvölkergemeinschaft, obwohl die Chinesen dominieren. Sie machen 74% der Bevölkerung aus. Die massenhafte Einwanderung vor allem aus Chinas Süden, begann bald nach Raffles Ankunft und dem gezielten Ausbau der Stadt unter den Engländern im 19. Jahrhundert. Die Neuankömmlinge arbeiteten auf den Plantagen, die es damals im Stadtgebiet noch gab, als Hafenarbeiter oder als Handwerker und Händler. Eine der ersten Fragen, wenn man mit Singapur-Chinesen zusammenkommt ist, aus welcher chinesischen Provinz ihre Vorfahren stammen. Die Hokkien, Teochew, Kantonesen oder Hakka haben alle ihr eigenen Clan-Häuser. Die waren Anlaufstellen für die meist mittellosen Einwanderer, die der Armut in China und den Wirren im Niedergang des chinesischen Kaiserreichs entflohen waren. In der Gemeinschaft von Menschen aus derselben Region Chinas, oft weitläufig verwandt und so zum selben Clan gehörend, fanden sie Halt und Unterstützung. Rund 200 Clan- Gesellschaften gibt es in Singapur noch heute. Viele Nachkommen der frühen Einwanderer sprechen als Umgangssprache weiterhin die Dialekte aus der

Heimatregion ihrer Vorfahren. Und sie haben Verwandte rund um die Straits von Malakka, die Wasserstraße der malaiischen Halbinsel. Auch auf Penang und in Malakka, auf Sumatra und Java haben sich chinesische Auswanderer niedergelassen.

Mit Swee Lin gehe ich in das Clan-Haus oder Kongsi der Hokkien, den Ying Fo Fui Kun in der Telok Ayer Street in Chinatown. Swee Lin ist Expertin. Zusammen mit ihrem Mann, der die Fotos beisteuerte, hat sie ein schön gestaltetes Buch mit Impressionen aus Chinatown geschrieben. Ihre Mutter stammt aus einer Familie von Hokkien-Chinesen und ist auf Penang in Malaysia aufgewachsen, bevor sie nach Singapur kam und hier Swee Lins Vater heiratete, dessen Familie aus der chinesischen Provinz Kanton/Guangdong ausgewandert war. Zuhause sprach man Englisch, denn die chinesischen Dialekte beider Eltern waren zu verschieden, um einander verstehen zu können. Wir betreten das Clan-Haus durch ein Tor mit chinesischem, geschwungenem Dach und kommen in einen ersten Hof. In der Empfangshalle des Hauses ist der Altar aufgebaut. Ich habe das Glück mit einer einheimischen Chinesin hier zu sein. So lädt man uns ein, auch die hinteren Räume in Augenschein zu nehmen. Durch die erste Halle kommen wir in einen zweiten kleinen Hof mit tropischen Pflanzen in Töpfen, den sogenannten Luftbrunnen, weil er vor der Zeit der Klimaanlage für die nötige Belüftung der teilweise fensterlosen Räume sorgte. An den Wänden stehen schwere Möbel aus dunklem Holz mit Perlmutteinlegearbeit und Marmorflächen, darüber Ahnentafeln. Dahinter ist die zum Hof offene Küche. Über eine schmale Treppe geht es vom Hof in den ersten Stock mit einer Folge kleinerer Räume. Große, bemalte Lackcontainer sind wohl mehr Zierrat als Speisebehälter. Auf einem Seitentischchen steht ein Betelgeschirr, zierliche Silberdosen, eine Schale und eine Art Nussknacker. Als Betelnusskauen noch *in* war, gehörte es zur Begrüßungszeremonie, vom Gastgeber ein Päckchen Betelnussstücke im Betelblatt mit Spezereien angeboten zu bekommen. Das Nebengebäude des Clan-Hauses ist als Museum eingerichtet. Ein Modell von Chinatown um 1900 zeigt das rege Leben am Fluss, die malaiischen *sampans* und chinesischen *tongkangs*, schlanke Holzboote, die Güter von den Dschunken den Fluss hinauf in die Stadt brachten, die Kais voller Menschen und Waren, dahinter die *shophouses*.

Ganz ähnlich wie das Clan-Haus in der Telok Ayer Street sahen die Häuser der *Taukeh* aus, der wohlhabenden chinesischen Kaufleute. Es gab so manche Erfolgsgeschichte unter den Wirtschaftspionieren der ersten Jahrzehnte nach dem Muster *vom Tellerwäscher zum Millionär*. Heute sind diese chinesischen Handels- und Wohnhäuser zum großen Teil modernen Bürohochhäusern gewichen, denn der Raum in Singapur ist knapp, und in der Aufbruchszeit der 70er und 80er Jahre des vorigen Jahrhunderts riss man lieber ab, als zu restaurieren. Vor der Zeit des öffentlichen Schulwesens und der staatlichen Fürsorge hat mancher wohlhabende chinesische Kaufmann eine Schule oder ein Hospital gestiftet. Viele dieser Gründungen bestehen noch heute. Auf meinem Nachhauseweg aus der Innenstadt komme ich am Gebäude der Anglo-Chinese Free School vorbei. Sie geht auf eine Gründung von Gan Eng Seng zurück, der es vom fliegenden Muskatnusshändler zum Herrn über ein Imperium von fünfzehn Firmen gebracht hatte.

Wenn auch die meisten großen Villen verschwunden sind, so haben sich doch ganze Zeilen von *shophouses* erhalten. In den letzten Jahren hat man sie zum großen Teil restauriert. In einigen Stadtvierteln reihen sich diese typischen chinesischen Reihenhäuser dicht an dicht aneinander. Kampong Glam, Katong entlang der Joo Chiat Road, Little India und die Straßen um den Singapore River, den Fluss, der früher das Handelsleben beherrschte, sind voll davon. Man kann stundenlang durch die Zeilen der zartfarbig angestrichenen Häuschen mit ihren Läden, Galerien oder Restaurants im Erdgeschoss und den Wohnungen oder Büros in der ersten Etage herumschlendern. Und das meistens im Schatten, was im tropischen Klima ein Segen ist. Dafür sorgen die *five foot ways*, die schmalen Laubengänge vor den Häusern. Fotoenthusiasten können hier Tage verbringen. Immer wieder öffnen sich die schönsten Durchblicke unter den Kolonnaden vor den Läden, entdeckt man ein Stück alten Mosaikpflasters, eine geschnitzte Holztür mit schwarz-goldenem

Ladenschild, verzierte Mauerdurchbrüche für die Ventilation, Stuckbalkone und bemalte Fensterläden. Wer seine Auslagen nicht draußen präsentiert, hat ein Gärtchen in Töpfen angelegt, in denen Bougainvillea blüht, Vogelnestfarn seine Blätter ausbreitet oder Miniaturgranatäpfel wachsen. Das Hauptstück ist Chinatown, vor allem das Geviert zwischen North Bridge- und South Bridge Road sowie Cross- und Smith Road mit seinen Gäßchen voller roter Lampions, zierlicher Teetäßchen und chinesischer Glücksgötter. Weniger touristisch, aber nicht minder interessant sind die Häuserzeilen an Amoy- und Telok Ayer Street.

Im Chinatown Heritage Centre in der Pagoda Street zeigen die alten Fotos ein ganz anderes Chinatown, als das heutige aufgeräumte und restaurierte Stadtviertel. Bis in die Mitte des zwanzigsten Jahrhunderts war es eher ein Slum für arme Einwanderer als ein Vorzeigeviertel. Engste Behausungen, mangelnde Hygiene, ein Gewusel von Menschen und Tieren, die Wäsche an Bambusstangen aus den Fenstern hängend, der Schlangenenthäuter neben dem Hühnerverkäufer und dem Flickschuster. *Das Laster blühte,* weiß der Informationsprospekt. Heute muss man schon eine der *Red Lantern*-Touren mitmachen, um etwas vom früheren Sündenbabel zu ahnen. Die Prostitution hat sich in andere Stadtviertel verzogen und ist weniger sichtbar. Die Opiumpfeifen sind keine Gebrauchsgegenstände mehr, sondern gesuchte Antiquitäten. Chinatown ist fein geworden.

Wer ein etwas anderes Chinatown finden will, muss nicht weit gehen. Rund um Bugis Street und um China Point in den altmodischen Einkaufspassagen aus den 60ern und 70ern sieht man noch betagte Chinesen im Schneidersitz auf den Bänken sitzen und miteinander plaudern oder ein Partie chinesisches Schach spielen. Man sieht alte, wohlfrisierte Damen im geblümten, immer ein wenig pyjamaähnlich wirkenden Hosenanzug ihre Einkäufe erledigen und sorgfältig ihre Lieblingskräuter in einem Laden für chinesische Medizin auswählen. Die jungen Mädchen findet man in den neueren Stadtvierteln, das Smartphone am Ohr und mit knappsten Shorts darum wetteifernd, wer die längsten Beine hat.

Manche von ihnen sprechen eher das Mandarin der Nordchinesen, als einen der der südchinesischen Dialekte, die in Singapur üblich sind. Auch das *Singlish,* das spezifisch singapurisch eingefärbte Englisch, ist ihnen fremd. Die jüngste Einwanderungswelle aus dem Mutterland China findet gerade statt. Das hohe Lebensniveau, die Aussicht auf einen gutbezahlten Job machen Singapur für Festlandchinesen attraktiv, nicht immer zum Vergnügen der Eingesessenen. Die Stadt werde immer voller, klagen sie. In der MRT, der vorzüglichen Untergrundbahn, bekomme man nur noch einen Stehplatz. Die *Neuen* seien ungehobelt und verstünden kein Englisch. Nun sollen Sprachkurse und ein Test zu singapurischen Grundwerten Abhilfe schaffen. Das kommt uns Europäern bekannt vor.

Je schneller es zu verschwinden droht, desto mehr pflegt man das historische Erbe. Fast versteckt hinter den Bürohausfassaden an der vierspurigen New Bridge Road/Eu Tong Sen Street und dem Einkaufszentrum Pearl Centre befindet sich gegenüber einem Hindutempel der Kreta Ayer Community Club. Jedes Stadtviertel hat solch einen Klub, unseren Freizeitheimen ähnlich. Heute Abend ist alles festlich geschmückt. Vor dem großen Theatersaal des Clubs stehen Blumengebinde mit Orchideen in leuchtenden Farben. Man sieht ungewöhnlich viele Damen im *Cheongsam*, dem traditionellen chinesischen Schlitzkleid aus Brokat oder bemalter Seide. Kong Chow Wui Koon, die Kulturgesellschaft der Kantonesen, der seinerzeit aus der Provinz Kanton/-Guangdong eingewanderten Singapurer, feiert ihr 171 jähriges Bestehen.

Im gut gefüllten Festsaal bin ich fast die einzige *ang moh,* oder *Rothaarige* wie man auf Chinesisch hier die Weißen nennt. Offiziell und politisch korrekt heißen sie Kaukasier. Ich bin gekommen, um chinesische Oper und Kampfkunst zu sehen. Alles findet auf Kantonesisch statt. So begnüge ich mich damit, dass ich nichts verstehen kann. Englische Zusammenfassungen der *stories* auf großen Bildschirmen helfen ein wenig. Allein die mit viel Gold und Silber bestickten Kostüme, der Kopfschmuck aus Kronen, Helmen mit langen Federn oder roten Bommeln, die maskenhafte Gesichtsbemalung machen die chinesische Oper, hier in ihrer kantonesischen Variante, sehenswert.

Der für unsere Ohren oft schrill klingende Gesang ist etwas gewöhnungsbedürftig, aber die Musik, besonders wenn sie in den dramatischen Szenen rhythmischer und schneller wird, durchaus einnehmend. Kaum zu glauben, dass hier Laien agieren und singen, so perfekt wirkt alles. Bei einer anderen Veranstaltung hatte ich einen der Mitwirkenden kennengelernt. Er bekommt Gesangsunterricht im Community Club. Mehrere Jahre brauche es, um auftreten zu können. Die freundliche Organisationsdame erlaubt mir in der Pause einen Blick hinter die Kulissen. Da sehe ich die chinesischen Instrumente, die Pipa, eine Art Laute, die zweisaitige Erhu die zitherähnliche Guqin und die Yangqin, wie ein Xylophon mit Saiten. Ich komme auch am Schminkraum vorbei, wo gerade eine der Sängerinnen als kaiserliche Konkubine zurechtgemacht wird. Silberblumen im Haar und am langen hellblauen, mit zartgelber Seide gefütterten Mantel machen sie zur Märchenprinzessin.

Am nächsten Abend gibt es Löwen- und Drachentanz sowie Kampfkunst. Vier Löwenattrappen aus Stoff, jeweils von zwei Darstellern geführt, tanzen über die Bühne, dann agieren Kämpfer in Szenen aus Chinas klassischem historischen Roman *Drei Königreiche* tänzelnd mit Schwertern, Degen und Messern. Zuletzt schlängelt sich ein von acht Männern gesteuerter, schier endlos scheinender Drachen über die Bühne und ins Publikum. Von ihrem Lehrer erfahre ich in der Pause, dass die meisten Kampfszenen von Schülern einer nahen High School bestritten werden.

Sie sind so perfekt, dass ich alle für Profis gehalten hatte.

Wenn es um Traditionspflege im modernen Gewand geht, sind die Peranakan nicht zu übertreffen. Sie liegen im Trend. Auch *Straits Chinese* im engeren Sinne genannt, weil sie im Unterschied zu den Festlandchinesen schon länger rund um die Straße von Malakka, siedelten, waren sie die ersten globalisierten Einwohner von Singapur. Chinesische Kaufleute und Handwerker ließen sich rund um die Straits nieder und heirateten malaiische Frauen. So entstand eine attraktive, hybride Mischkultur, die Elemente des Chinesischen und des Malaiischen vereint. Die beiden Peranakan-Museen in Singapur sind denen in Penang und Malakka ähnlich und reflektieren einen verwandten Lebensstil.

Mit Freundin Betty gehe ich zu einer Ein-Mann-Schau ins Esplanade Theatre. Der Mann ist eine Frau und hält uns eine ganze Vorstellung lang in Atem, mit seiner Geschichte der *Emily of Emerald Hill*, der Peranakan Matriarchin von einst. Die Straße ist noch da. Gleich hinter der Orchard Road, dem Einkaufsmekka von Singapore, erlaubt Emerald Hill Road mit ihren schön restaurierten chinesischen Häusern und Frangipanibäumen einen Blick in die Vergangenheit. Die größeren Anwesen sind allerdings verschwunden. Verschwunden ist auch die Villa von Bettys Großvater an der Neill Road, die noch bis in die späten 60er hinein stand, solange ihr Großvater, Tan Cheng Sian, lebte. In einer alten Zeitung lese ich von diesem Straits Chinese Gentleman der ersten Hälfte des 20. Jahrhunderts. So erinnert er sich an seine erste arrangierte Ehe mit achtzehn – er hatte dann drei Frauen – und an die Stunden, die er in den chinesischen Kabaretts zubrachte, verboten für einen Schüler der Raffles Institution, einer Art Eton von Singapur. Seine Tochter, Bettys Mutter, heiratete nicht arrangiert, sondern aus Liebe einen portugiesisch stämmigen Lehrer und wurde prompt von ihrer klassenbewussten Familie verstoßen.

So gehört Betty nicht nur zu den Peranakan, sondern auch zur kleinsten Gruppe der säuberlich definierten singapurischen Ethnien. Sie ist Eurasierin. Im Klubhaus der Eurasier an der Ceylon Street esse ich nicht nur eine eurasische Spezialität, das scharf mit rotem Chili gewürzte Teufelshuhn, ich sehe mir auch die Tafel der früheren Präsidenten und prominenten Mitglieder an. Neben englischen, holländischen und deutschen Namen gibt es viele portugiesische. Obwohl die portugiesische Glanzzeit in Südostasien schon Jahrhunderte zurückliegt, haben sie deutliche Spuren hinterlassen, bis zur Küche und den Bräuchen. So sind die meisten Eurasier katholisch und kochen mediterran. Bettys alte Tante spricht noch Kristang oder Cristao, das altportugiesische, mit malaiischen und chinesischen Wörtern versetzte Patois. Die Jüngeren sprechen Englisch. Inzwischen wächst eine neue Generation von Eurasien heran. Des Öfteren sehe ich west-östlich gemischte junge Familien auf den Straßen. Ob deren

Kinder sich noch den Gebräuchen der kleinen eurasischen Traditionsgemeinschaft verpflichtet fühlen werden?

Der Peranakan-Clan der Tan, dem auch Bettys Großvater angehörte, hat seinen Tempel nahe am Fluss, an der Magazine Road. So konnten die Seeleute, wenn sie es bis zum Singapore River mit ihren Waren geschafft hatten, hier aussteigen und dem residierenden Gott, Kai Jiang Sheng Ong, danken. 125 Jahre ist der Po Chiang Keng Tempel schon alt, erzählt stolz der Wächter und zeigt mir eine rote Kammer hinter dem Altar, in der wie auf kleinen Standarten in Weiß und Gold alle Namen der Ahnen des Clans verzeichnet sind. Inzwischen sind es mehr als 10.000, in mehreren Clan-Gesellschaften mit eigener, einflussreicher Dachorganisation. Ahnenforscher und Historiker Andrew Tan kommt nicht mehr mit Tafeln aus. Er braucht einen meterlangen Computerauszug. Zum Abschluss meines Besuchs läutet der Wächter die Glocke und ruft meinen Namen dem Tempelgott zu. Der wird mich von nun an beschützen. Damit ich ihn nicht vergesse, bekomme ich seine Karte. Im kartenverliebten Singapur hat selbst ein Gott eine Visitenkarte.

Gerne möchte ich einmal am festlichen Weihnachtsdiner der Peranakan-Gesellschaft teilnehmen, denn dann ist Traditionskleidung angesagt, und alle Frauen können ihre schönste Kebayas mit Sarong vorführen. Die bestickte oder mit Spitze eingefasste lange, körperbetonte Baumwollbluse, von einer dreiteiligen Brosche zusammengehalten, und der Sarong sind eine äußerst kleidsame Uniform. Ich konnte nicht widerstehen und habe bei Peter Wee in seinem Laden Katong Antique House an der East Coast Road, der ein wahres Museum für Peranakan-Kunsthandwerk ist, eine handbestickte Kebaya erworben. Einen Sarong habe ich schon. Dem Festessen mit den Babas und Nonyas, den Damen und Herren der Peranakan-Gesellschaft steht also nichts mehr im Wege. Die allerschönsten historischen Kebayas, die perlengestickten Pantoffel dazu und das zartgelb-rosé-grüne Porzellan der Nonya kann man im Perankan Museum an der Armenian Street bewundern.

Wer das Flair eines historisch gewachsen Viertels erleben will, sollte einen Spaziergang um die Joo Chiat Road herum machen, im Herzen des Bezirks Katong. Das Tourist Office hält eine Karte dazu bereit. Etwas abseits, in der Neill Road in Chinatown, nicht weit von Bettys ehemaligem Familiensitz, liegt das Baba House. Hier kann man sich in das Leben einer wohlhabenden Straits Chinese-Familie vor einigen Jahrzehnten hineinversetzen. Selbst das Guckloch im ersten Stock ist wiederhergestellt. Ungesehen konnte der Patriarch prüfen, ob er den gerade eingetroffen Besucher, der unten im Vorzimmer wartete, selbst empfangen wollte oder nicht.

… und all die anderen

Mit 13% sind die Malaien die größte Minderheit in Singapur. Eigentlich sind sie die Urbevölkerung, ist doch Singapur nur der Tupfen unter Malaysia und mit dem malaysischen Festland durch eine Brücke über die schmale Wasserstraße verbunden. Im Empire bildete es zusammen mit Penang und Malakka British Malaya, und in den Anfängen der Unabhängigkeit war es Teil des neugebildeten Staates Malaysia. Deshalb ist die malaiische Sprache, die Bahasa Melayu, weiterhin Amtssprache und wird die Nationalhymne noch heute auf Malaiisch gesungen. In der Verfassung sind die Malaien ausdrücklich als die ursprünglichen Bewohner Singapurs anerkannt. Sie genießen besondere Privilegien. Das hat nicht verhindern können, dass sie in den letzten Jahrzehnten hinter den umtriebigen und geschäftstüchtigen Singapur-Chinesen nach Bildungsstand und Einkommen zurückgeblieben sind. Weniger Malaien als Chinesen und Inder, die dritte Gruppe, sprechen Englisch. Malaien sind auch noch mehr im traditionellen familiären und (islamischen) religiösen Leben verhaftet. Die Bande zu Malaysia sind bei singapurischen Malaien und Chinesen eng. Man hat

Familie dort, denn auch in Malaysia gib es viele Chinesen. Malaysia ist das wichtigste Urlaubsland für Singapurer. Schließlich liefert es der ganz auf Importe angewiesenen Insel Früchte, Gemüse, Fleisch und Trinkwasser.

Das Gegenstück zum alten chinesischen *shophouse* ist das malaiische *kampong*, das Dorf mit seinen palmblattgedeckten Holzhäusern auf Stelzen. Noch bis vor einigen Jahrzehnten waren weite Teile Singapurs dörflich besiedelt. Holzhäuser, Bananenpflanzungen, Mangobäume umgaben die ersten Hochhäuser. Davon ist fast nichts übriggeblieben. Überall sind HDBs entstanden, die staatlich geförderten Hochhaussiedlungen des Housing & Development Board (HDB) für die wachsende Bevölkerung, sozialer Wohnungsbau auf singapurisch.

Eine Ahnung vom früheren Kampongleben bekomme ich in der Ausstellung *My Kampong, my home* des alten Malers Lim Tze Peng. Mit seinem Tuschpinsel hat er, der noch in einem Kampong aufgewachsen ist und Lehrer an einer Dorfschule war, alles festgehalten: die Frauen in ihren Sarongs wie sie vor ihren Hütten unter den Palmen das Essen zubereiten, die Wäsche waschen oder für einen Schwatz beieinander stehen, die Männer, die zur Moschee eilen.

Einen wirklichen Eindruck bekomme ich im letzten Kampong von Singapur. Kampong Buangkok ist ein Unikum, das schwer zu finden ist, versteckt in einem Palmenhain zwischen Kränen und Hochhäusern. Es konnte überleben, weil es auf privatem Land steht und die Besitzerin des Grundes dieses letzte Stück dörflichen Lebens in der Großstadt erhalten will. In dem Minidorf mit 50 Bewohnern leben chinesische und malaiische Singapurer einträchtig zusammen. Es gibt eine *Surau*, eine muslimische Kapelle, und es gibt buddhistische Hausaltäre und rote Lampions vor einigen Wohnhäusern. Ich schlendere durch die wenigen Dorfstraßen vorbei an Obstgärten und Hühnerställen, plaudere mit einer jungen Frau, die gerade ihre Veranda mit einem Reisigbesen ausfegt und den kleinen Bruder bei den Schulaufgaben beaufsichtigt, dann mit einem Mann mittleren Alters, der auf dem Fahrrad daher kommt. Daniel Wong findet, man lebe hier gut und freier als in den Hochhausiedlungen. Das Dorf wird eines Tages den Baukränen weichen müssen, aber solange wie möglich will er bleiben.

Auf den alten Bildern tragen die Frauen keine Kopftücher. Heute dagegen sieht man kaum eine malaiische Frau ohne Tuch, das hier *tudung* genannt wird. Im Geylang Serail, dem im malaiischen Stil gebauten Einkaufszentrum mit hohem, reich geschnitztem Holzdach, kann sich die modebewusste Malaiin mit Tüchern in allen Farbschattierungen und Mustern eindecken, dazu mit den glitzernden Agraffen voller künstlicher Edelsteine, die das Tuch am Platz halten. In der MRT sitzen rundliche malaiische *aunties/Tantchen,* mit tief ins Gesicht gezogenem Tuch zum langen Blumengewand neben hyperschlanken Chinesinnen in Minishorts und T-Shirt. Mit *Tantchen* oder *Onkel* redet man gerne ältere Menschen an, ein Echo der engen Bande in den ausgedehnten Familien, die früher das Leben aller Singapurer bestimmten.

Neben mir sitzt in der Bahn ein junger Malaie mit kühn geschnittenen Gesichtszügen, schmale Mandelaugen über kräftiger Nase zum langen schwarzen Haar. Ist er vielleicht ein Nachfahre der Bugis, der malaiischen Seefahrer von der indonesischen Insel Sulawesi, die vor Jahrhunderten die Küsten um Singapur beherrschten, ob als Handelsleute oder als Piraten? Er könnte auch ein Nachkomme der Orang Laut sein, der frühesten Einwohner Singapurs. Die Seenomaden verbrachten ihr ganzes Dasein auf ihren Booten und lebten vom Fischfang. Mancher singapurische Malaie stammt nicht aus dem heutigen Malaysia, sondern aus Indonesien. Sumatra ist nahe, und Java war in der frühen Zeit von Singapur eine beherrschende regionale Macht. Heute gibt es eine neue Einwanderungswelle aus Indonesien, vor allem von jungen Frauen. Sie verdingen sich hier als Hausangestellte. Ihre Zahlen und ihre Behandlung durch ihre Arbeitgeber sind ständiges Thema in den Medien, denn kaum ein Haushalt der Mittelschicht von Singapur kommt ohne eine Hausangestellte aus.

Malaiisch geprägte Stadtviertel sind Geylang und Katong im Osten des Zentrums. In Katong erinnert die Moschee Darul Aman nahe der Eunos

Street an das Herkommen der singapurischen Malaien aus dem malaysisch-indonesischen Kulturraum. Hier gibt es keine farbigen Mosaike und keine leuchtende Kuppel. Die Moschee ist aus schlichtem Holz und hat das hohe, und mit Schnitzereien verzierte Spitzdach malaiischer Häuser und Paläste. Geylang mit seinen engen Straßen zwischen den Hauptachsen östlich der Innenstadt erwacht gegen Abend zu Leben. Dann scheint es ein einziger, von Menschen wimmelnder Markt zu sein. Entlang der Sims Avenue reihen sich die Obststände aneinander. In einigen Seitengassen von Geylang, den *lorong,* werden andere Früchte feilgeboten. Hierher hat sich das Rotlichtviertel verzogen, seit man Chinatown und die Straßen am Fluss saniert hat.

Das touristische Vorzeigeviertel der Malaien, ein Pendant zu Chinatown, ist Kampong Glam. Es hat zwar nichts mehr mit einem *kampong* zu tun, seine engen Gassen gehören aber zu den ältesten in Singapur. Hier liegt auch der Sultanspalast. Dem Sultan von Johor im Süden des heutigen Malaysia, jenseits der Wasserstraße, die Singapur vom malaysischen Festland trennt, hatten die Engländer im 19.Jahrhundert die Insel abgekauft. Heute ist der Palast zum Malay Heritage Centre umfunktioniert. Die Hauptmoschee Singapurs, die prächtige Sultan Moschee im sarazenischen Stil, steht hier.

Kampong Glam ist zugleich das arabische Viertel. Straßennamen wie Arab-, Bagdad- und Muscat

Street deuten darauf hin. Die Araber teilen mit den Malaien den Glauben und damit den Koran. Früher waren noch viele Schilder von malaiischen Geschäften in arabischen Lettern gehalten, denn Jawi, die der malaiischen Sprache angepasste arabische Schrift, war in den Sultanaten einst die offizielle Schrift. Heute schreibt man Bahasa Malayu überall lateinisch, aber in den islamischen Privatschulen lernen viele malaiische Kinder Arabisch als Koransprache.

Eine dieser Schulen steht in Kampong Glam. Die Alsagoff Arab School wurde von einer der drei bekanntesten arabischen Familien Singapurs gegründet. Zusammen mit den Aljunieds und den Alkaffs bildeten die Alsagoffs die Elite der *Hadramis*. In der Nationalbibliothek ist ein arabisches Zelt aufgebaut, eine Flöte klagt, in geöffneten Schiffskoffern liegen reich verzierte Teegläschen und bestickte Gewänder, auf einem Ständer ein alter Koran.

Die Geschichte der *Hadramis* wird hier erzählt, der arabischen Einwanderer aus dem jemenitischen Hadramaut. Obwohl zahlenmäßig eine kleine Gruppe, waren die arabischen Kaufleute in Singapur recht einflussreich. So wies ihnen Stamford Raffles einen bevorzugten Siedlungsplatz nahe dem Fluss und neben dem Regierungsviertel zu. Die elegante Alkaff-Arcade am Collyer Quay, deren Vorgängerin im maurischen Stil Anfang des 20. Jahrhunderts erbaut wurde, erinnert noch an das Wirtschaftsimperium ihres Namensgebers. Wie die chinesischen *taukeh* stifteten auch die *Hadrami* Schulen und Hospitäler. Sie gründeten Wohnsiedlungen für ihre Beschäftigten und ließen Moscheen bauen. Drei Moscheen sind mit den Namen dieser Familien verbunden. Im Osten des Zentrums erinnern ein ganzes Stadtviertel und mehrere Straßen an die *Hadramis*. Die Villa der Alkaffs mit ihrem weitläufigen Park ist inzwischen ein schickes italienisches Restaurant mit Spa. Mara Alkaff, eine der Nachkomminnen des Familienpatriarchen, die ich über eine gemeinsame Freundin kennenlerne, hat heute nicht mehr allzu viel vom einstigen Wohlstand. Die meisten Besitzungen sind verkauft und zerstreut.

Als man Reisen noch per Schiff unternahm, war Singapur ein wichtiger Ausgangspunkt für die jährliche Hadj, die Pilgerfahrt nach Mekka, für Muslime aus Südostasien. Auch an diesem touristischen Geschäft der damaligen Zeit waren die arabischen Familien beteiligt. In der Auslage eines Ladens in der Bussorah Street in Kampong Glam liegen Gebetsteppiche, der für die Orientierung nach Mekka auf Reisen unerlässliche Kompass und Miswak-Zweige, die natürliche Zahnbürste der Wüsten Arabiens. Das auf heutige Pilgerfahrer spezialisierte Geschäft wird aber nicht von einem Araber geführt. Der Inhaber, Mr. Ghariwala, ist vielmehr Inder. Im Hintergrund sehe ich einen Hausaltar und Fotos vom Urgroßvater, der die Firma gegründet hat. Über den Regalen hinter dem Verkaufstresen thront Ganesh, der Hindugott mit dem Elefantenkopf.

Die Inder sind mit gut 9% die drittgrößte Bevölkerungsgruppe Singapurs. Die ersten kamen mit den Engländern aus British India als *Sepoy*, als Soldaten und Polizeikräfte. Tamilische Strafgefangene aus Südindien und Sri Lanka errichteten die Kolonialbauten. Auch später kamen die meisten indischen Zuwanderer aus Südindien, von der Malabar- und der Koromandelküste. Tamil ist die dritte Amtssprache Singapurs.

Was Chinatown für die Chinesen, ist Little India an der Serangoon und der Race Course Road und den kleinen Straßen dazwischen für die Inder. Damals war der Race Course, die Pferderennbahn, noch mitten in der Stadt, bevor er in einen Randbezirk umzog. Viele Inder waren hier als Pferdeknechte beschäftigt. Zu der Zeit verlief der Serangoon River zwischen Muskatnuss- und Kautschukplantagen entlang der heutigen Serangoon Road. Inzwischen ist er kanalisiert und überbaut worden. Eine junge Inderin erzählt mir, ihre Großtante könne sich noch an die indischen Milchhändler mit ihren Karren erinnern, die vorbeikamen und Milch verkauften. Das Milchgeschäft war ganz in der Hand von Hindus. Heute kommt die Milch von glücklichen Kühen aus Australien und steht im Supermarkt.

Little India ist weniger geschönt als Chinatown. Es wirkt noch ursprünglicher. Hier ist alles farbig und lebhaft, die roten, gelben und weißen Blumenketten für die Tempel und den Schmuck, den viele Inderinnen im langen tiefschwarzen Haar tragen, die Berge von tropischen Früchten und Gemüse und das glitzernde Gold in den Schmuckläden. Inderinnen im Sari oder im zartfarbigen Punjabianzug mit wehendem Schleier machen ihre Morgeneinkäufe, suchen einen neuen Sari aus oder wägen prüfend Goldketten in der Hand.

Auf einer Tour durch Little India erzählt uns Pauline von *Singapore Walks*, ihre indische Freundin wolle bald heiraten und habe inzwischen rund 40 Stück Goldschmuck, den sie als Brautschatz in die Ehe einbringe. Bei der Geburt bekäme ein Mädchen zwei Ringe, Ketten, Ohrringe oder Armbänder aus Gold geschenkt und danach weitere zu jedem Geburtstag. Viele junge Frauen trügen den Schmuck heute nicht mehr, weil er Ihnen zu altmodisch sei. Er ruhe im Safe als Rückversicherung für schlechte Zeiten. Ich schaue in ein großes Eckgeschäft mit zahllosen Ketten. Alles gleißt von Gold. Eine Mutter mit Tochter lässt sich einige Stücke vom chinesischen Verkäufer vorlegen. Die Käufer sind Inder, aber die Geschäftsinhaber meistens Chinesen. In der Bahn sehe ich häufig Mütter mit Kleinkindern, die silberne Ringe am Fußgelenk tragen. Sind sie zu arm für Gold? Nein, sagt Pauline, Gold wird unterhalb der Gürtelline nicht getragen, denn diese Körperpartien gelten als unrein und dürfen nicht mit Gold, dem Symbol für Reinheit, in Berührung kommen.

Eines Abends, während ich im Fort Canning Park spazieren gehe, sehe ich eine festlich gekleidete

Gesellschaft auf der erleuchteten Terrasse des Forts. Als ich stehen bleibe, kommt ein Herr im weißen, bestickten Seidenanzug auf mich zu. Sie feierten eine Hochzeit. Er sei der Organisator und lade mich herzlich ein, teilzunehmen. Ich zögere, denn ich kenne niemanden. Indische Hochzeiten sind aber eine große Affäre mit vielen Gästen, so nehme ich an. Es ist wie im Märchen. Ich sehe die Braut im leuchtend blauen Sari, reich mit Goldschmuck geschmückt, mit Juwelen an Nase und Stirn und einem Gesteck aus Jasmin im Haar, den Bräutigam im langen, weißen goldgesäumten Gewand mit weißem Turban. Sie sitzen unter einem Baldachin auf Thronen vor der Schale mit Feuer und den Statuen von Ganesh und Saraswati. Gott Ganesh räumt dem Paar alle Hindernisse aus dem Weg, und Göttin Saraswati sorgt für Weisheit. Davor sind in goldenen Schalen die Geschenke aufgebaut. Ich sehe den Priester, im weißen Hüfttuch und weißem Schal über der Schulter. Die Eltern legen dem Paar gerade Blumengirlanden aus ihrem jeweiligen Tempel um den Hals, weißen Jasmin und eine rote Blüte in der Mitte. Der Priester fragt erst die Eltern, dann die Brautleute und schließlich uns Gäste, ob wir mit der Hochzeit einverstanden seien. Dann tauschen die Brautleute ihre Girlanden aus und gehen dreimal um das Feuer. Danach wechseln sie die Plätze. Die Braut ist nun symbolisch in die Familie des Bräutigams eingetreten. Schließlich legt der Bräutigam der Braut eine goldene Kette um, die *mangala sutra,* die sie von nun an immer tragen wird. Zum

Schluss bewerfen wir Gäste das Brautpaar mit gelbem Safranreis und der Festschmaus beginnt.

In Singapur wechselt man Devisen weniger bei der Bank, als beim *Moneychanger/Geldwechsler*. Ein oder zwei Inder sitzen in einem kleinen Kabuff inmitten eines Einkaufszentrums und jonglieren souverän mit US-Dollars, Euros, Yen, Yuan und allerlei anderen Währungen. Die Antwort, warum es fast immer Inder sind, bei denen ich Geld wechsle, gibt mir eine Bronzeskulptur auf den Stufen der Uferpromenade am North Boat Quai, ungefähr dort, wo einst Sir Stamford Raffles gelandet ist. Ein indischer *chettiar*, nur mit Hüfttuch bekleidet, sitzt im Schneidersitz an einem niedrigen Tisch, vor sich ein großes Kontobuch. Er gehörte mit seinen muslimischen indischen Landsleuten zu den Bankiers aus den Anfängen Singapurs. Die *chettiars* und *chulias* waren südindische Geldwechsler und Händler.

An der Telok Ayer Street steht ihr Tempel, der Nagore Durgha Schrein, ein Ableger des Haupttempels an der Koromandelküste. Die Gemeinde hat gesammelt, nicht nur Geld, auch alte Schiffskoffer, Hochzeitsgewänder, Korane und Essgeschirr und hat den Tempel 2011 zum Indian Muslim Heritage umfunktioniert. Ein kleines Restaurant bietet indischen Tee und *rojak*, einen würzigen Salat mit Erdnussraspeln, an. Mit diesem sehenswerten Newcomer hat nun fast jede der größeren Bevölkerungsgruppen Singapurs ihr eigenes ethnisches Museum. Auch die Hindus sollen bald ein Heritage Centre bekommen. Der Staatspräsident hat schon den Grundstein gelegt.

Wer durch die Victoria Street stadtauswärts nach Osten fährt, kommt an der großen, leuchtend blauen Malabar Moschee mit ihrer goldenen Kuppel vorbei. Sie ist das religiöse Zentrum der von der Malabarküste herkommenden muslimischen Inder. Manche brachten es zu Wohlstand. Noch heute ahnt man etwas vom früheren Glanz des Grand Hotels mit seinen Loggien und Stuckbalkonen im Belle Epoque Stil, obwohl der Park nun durch die stark befahrene Still Road durchschnitten wird. Diesen Palast ließ sich Moona Kadir Sultan, ein reicher indischer Rinderzüchter, noch 1920 erbauen.

Gelegentlich sitze ich in Bahn oder Bus neben einem Inder mit hohem Turban, einem Sikh. Er gehört zur kleinsten indischen Gruppe, aber auch zur wohlhabendsten. Die Sikhs sind meist Nachfahren der britischen Kolonialsoldaten und –polizisten. Fünf Tempel gibt es für die rund 15.000 Sikhs. Als ich mich im Central Sikh Gudwara an der Towner Road umsehe, wird er gerade aufwendig umgebaut. Ich bekomme ein Tuch geschenkt, um meinen Kopf nach Sikh-Vorschrift, die für Frauen und Männer gleichermaßen gilt, zu be decken. Später werde ich eingeladen, am vegetarischen Mahl nach dem Gebet teilzunehmen.

Alle Religionsgemeinschaften geben sich in Singapore offen und einladend. Das Zusammenleben auf engem Raum und die strikt verfolgte Toleranzpolitik der Regierung scheinen Früchte zu tragen. Ein Interreligiöser Rat wacht über den Religionsfrieden. Die Muis, die muslimische Gesellschaft, betreibt im Bezirk Bishan ein Harmony Centre, das neben dem Islam mit Schautafeln und Exponaten auch über die anderen Religionen informiert. Ein höchst farbiges Bild gaben die verschiedenen religiösen Würdenträger in ihren Trachten zur Wiedereröffnung 2011 ab. Fotogen setzten sie sich mit rotem Sikh-Turban, schwarzer malaiischer *songkok*-Kappe zum *sarong,* taoistisch-chinesisch gelber Damastjacke und buddhistischer Safranrobe ins Bild. Der christliche Vertreter wollte nicht zurückstehen und trug Lila.

Wie aus China gibt es auch aus Indien neue Zuwanderung. Die meisten arbeiten wie schon in der Kolonialzeit auf dem Bau. Wann immer man Männer mit Schutzhelmen auf einer der vielen Baustellen sieht, steckt sicher ein dunkles südindisches Gesicht darunter. Es kann auch aus Sri Lanka oder Bangladesch kommen. Die alteingesessenen Inder grenzen sich gern von den Neuankömmlingen ab. Sie fühlen sich als Singapurer, wenn sie auch ihre indischen Traditionen pflegen. Zur indischen Elite gehören der bisherige Staatspräsident S. R. Nathan, Außenminister K. Shanmugam und Vize-Premier sowie Finanzminister Tharman Shanmugaratnam.

An einem Sonntag komme ich an der hübschen schneeweißen, halb neugotischen, halb klassizistischen Kirche in der Hill Street vorbei. Ein Transparent lädt in den Garten dieser ältesten Kirche von Singapur ein. Sie ist Zentrum der kleinen armenischen Gemeinde und wird 175 Jahre alt. Im Garten gibt es armenischen Gesang, armenische Spezialitäten und viele Ansprachen. Die armenische Gemeinde ist zwar klein, aber sie hat so berühmte Mitglieder hervorgebracht wie die Brüder Sarkies, die das Raffles Hotel und andere legendäre Hotels des Ostens erbaut haben. Nach ihrer Entdeckerin, der Singapur-Armenierin Agnes Joaquim ist die Nationalblume Singapurs benannt, die Orchidee Vanda Miss Joaquim.

Auf einem Ausflug am Rande von Chinatown zeigt mir Swee-Lin, meine Chinatown-kundige Freundin, einen bewaldeten Hügel hinter einem chinesischen Tempel an einer belebten Straßenkreuzung. Hier war der Bestattungsplatz der zoroastrischen Perser. Heute ist er in einem Vorort neben dem jüdischen Friedhof und den Grabstätten anderer Minderheiten umgezogen. In der Stadt, am alten Hügel, erinnern noch Straßennamen wie Parsi- und Mistri Road an die ersten Parsi von Singapur. Sie waren vor Jahrhunderten aus Persien ausgewandet, um dem Islam zu entkommen und in Indien gelandet. Von dort kamen sie nach Singapur. Die Gemeinde zählt nur 300 Mitglieder, sagt der junge Prediger Zeus Percy Khambatta, der seinen Vater beim Zelebrieren der religiösen Zeremonien dieser das Feuer verehrenden Religionsgemeinschaft unterstützt.

Neuere südostasiatische Zuwanderer kommen aus Thailand, aus den Philippinen und aus dem bitterarmen Burma/Myanmar auf der Suche nach Arbeit.

1955 erlangte Singapur Selbstverwaltung, 1963 wurde es, zusammen mit Malaysia, unabhängig. Die englischen Kolonialbeamten gehören der Vergangenheit an. Geblieben ist die Liebe zu allem Englischen, einschließlich der Royal Family und den englischen Klubs. Der Cricketplatz Padang, die Pferderennbahn und die Poloplätze, die St. Andrew's Kathedrale im neugotischen Stil, die Säulenhallen von Victoria Theatre, altem Supreme Court und Parliament House sowie einige andere Kolonialbauten zeugen davon. Auch ein paar hundert Villen ehemaliger Kolonialbeamter haben den Landhunger und das Neubaufieber noch überlebt. Die *Black-and-White–Bungalows* im tropisch angepassten Pseudo-Tudor-Stil mit luftigen, hohen Räumen und tiefen Terrassen in weitläufigen Gärten sind begehrte Mietobjekte, gehören aber alle dem Staat. Der nostalgischen Wohnidylle ist die Abrissbirne immer nahe.

Die 35.000 Engländer, die sich heute in Singapur tummeln, wollen nicht regieren, sondern im prosperierenden Stadtstaat Geld verdienen. Der Kreis zum unternehmenden Stamford Raffles schließt sich. Singapur empfängt *young professionals* noch mit offenen Armen, obwohl *Singaporeans first*-Parolen zunehmend lauter werden. So hat sich in den letzten Jahrzehnten eine rund 50.000 starke *expat-*

Gemeinde herausgebildet, die vor allem angloamerikanisch geprägt ist, mit einem Schuss Australien, Neuseeland und Kanada. Auch einige Deutsche hat es in den Inselstaat gezogen, und es gibt einen deutschen Klub. Er ist recht bescheiden in einem Wohnhaus im Bezirk Tiong Bahru untergebracht. Historiker Andrew Tan rät mir, doch einmal das Goodwood Park Hotel zu besuchen und mir die Traditionsräume zeigen zu lassen. Sie seien noch *wilhelminisch.* Ich hatte nicht geahnt, dass dieses Prunkstück eines Grandhotels mitten im Zentrum bis zum Ende des Ersten Weltkriegs der deutsche Klub war und den zahlreichen deutschen Kaufleuten, die sich hier tummelten, als Anlaufstelle diente. Nun habe ich endlich einen Grund, in dem teuren Gemäuer zum *High Tea* einzukehren. Heute ist Deutschland der größte europäische Handelspartner Singapurs, nicht zuletzt wohl mit Autoimporten. Einen Mercedes, einen BWM oder einen Audi zu besitzen, ist das Statussymbol schlechthin. 1.200 deutsche Firmen sind vertreten, und rund 7.300 Deutsche leben und arbeiten im Stadtstaat.

Allah, Buddha, Vishnu, Jesus, Jadekaiser – Feste feiern

Frühmorgens bringt der Hausmeister in meiner Wohnanlage überall rote Lampions an. Die wichtigste Festsaison des chinesischen Mondkalenders beginnt diesmal am 2. Februar. Es ist chinesisches Neujahr. Ich bin abends bei singapurisch-chinesischen Freunden zum festlichen Neujahrs-Dinner eingeladen. Obwohl sie Christen sind, machen sie alle Neujahrsriten mit.

Das chinesische Neujahrsfest ist vor allem familienorientiertes Brauchtum. Tage vorher wird die Wohnung geputzt, und die Geschäfte sind voll von chinesischen Glückszeichen, die man sich in die Wohnung hängt und stellt. Alles leuchtet rot, die chinesische Festfarbe schlechthin. Da gibt es das Schriftzeichen Fu für Glück und Erfolg, schwarz auf rotem Papier, den Glücksgott Fu Xing mit seinem langen, schwarzen Bart und dem rotem Mantel und lachende Buddhas mit einem *yuan bao* in der Hand. Wie der goldene Topf aus dem Märchen sieht das alte kaiserliche Geldstück aus. Glück und Geld, das ist für Chinesen nicht zu trennen. Alle wünschen einander Glück und wachsendes Vermögen: *gong xi fa cai!*

Meine Freunde warten schon auf mich. Der Salat mit feingeschnittenem Gemüse in den bedeutungsvollen Farben rot, grün und weiß und mit rohem Fisch steht schon fürs *yu sheng tossing* bereit. Ich bekomme ein paar Essstäbchen in die Hand gedrückt. Mit allen anderen Gästen werfe ich den Inhalt der Schüssel so hoch in die Luft wie ich kann, und wir wünschen einander das Beste fürs neue Jahr. Auch der Salat bedeutet Glück und Reichtum. Man spielt mit der Doppelbedeutung von *yu sheng*, das je nach Betonung roher Fisch oder Überfluss heißen kann.

Im chinesischen Tierkreis ist 2011 das Jahr des Hasen. Jedes Einkaufszentrum, jedes öffentliche Gebäude wetteifert um die aller schönsten Hasenarrangements. Hasen aus grünem Gras zugeschnitten, aus rosa Pappmaché, zu riesigen Skulpturen aufgeblasen begleiten uns während der Festwochen bis in den Februar hinein. Die Charaktereigenschaften des Hasen werden analysiert, und wer unter dem Zeichen des Hasen geboren ist, hat sozusagen Namensjahr.

Meine Freundin hält schon die *hong bao* bereit, kleine rote Tüten mit Geld für die Kinder und jungen, unverheirateten Mitglieder der Familie. Das Neujahrsdinner ist vor allem eine Familienangelegenheit. Verwandte von nah und fern kommen zusammen, um einmal im Jahr als Familie vereint zu sein. Die Großfamilie spielt immer noch eine bedeutende Rolle. Im Chinesischen gebührt allen Angehörigen einer Sippe je nach ihrer Verwandtschaftsbeziehung eine eigene Anrede, dem väterlichen Onkel eine andere als dem mütterlichen, den älteren Geschwistern eine andere als den jüngeren. Am nächsten Tag sehe ich überall festlich gekleidete Menschen mit roten Geschenktüten unterwegs. Heute ist Besuchstag. Man besucht die Großeltern, die Onkel und Tanten und bringt Glückskekse und allerlei Süßes mit.

Die Clan-Gesellschaften waren schon seit Wochen aktiv. Sie haben den Löwentanz eingeübt. Kein chinesisches Neujahr ohne den tanzenden Löwen oder Drachen aus Plüsch. Er ist riesig groß und wird von vier bis sechs Männern mit akrobatischer Kunstfertigkeit bewegt. Mein Löwentanzerlebnis endet etwas feucht. Am Ende des Tanzes lösen die Darsteller eine Konfettikanone aus. Das verstehen die Feuermelder an der Decke der Halle falsch und gießen einen Sturzbach von Löschwasser auf uns Zuschauer herab. Wenn Wasser Glück bringt, habe ich ein sehr glückliches Jahr vor mir.

Chinesen nehmen es mit der Buchstabentreue ihrer Religion nicht so genau wie die muslimischen Malaien. Sie huldigen einem fröhlichen Synkretismus aus Buddhismus und Taoismus mit einem Schuss Konfuzius und ein wenig Aberglauben. Ein Freund erklärt mir, es sei eher eine Art zu leben als eine festgefügte Religion. Wieweit das zutrifft, mag dahingestellt bleiben. Sicher ist aber dass Eines eine große Rolle spielt, die Ahnenverehrung. Auf der Ahnenverehrung beruht die Bedeutung der Clan-Gesellschaften. Viele ältere taoistische Tempel sind zugleich Clan-Tempel, also von den Mitgliedern zum Beispiel der Tan oder der Lim erbaut. Die Namen der Ahnen sind im Tempel verzeichnet und legitimieren das Geschehen.

Die Ahnen haben zweimal im Jahr ihren großen Auftritt. Als ich in Chinatown rund um die Mall China Point unterwegs bin, fallen mir Auslagen mit prächtigen Villen, Oberhemden, fein in Zellophan verpackt, Autos, Schuhen und Bündeln von Geldscheinen auf, denn die ganze Pracht ist aus Papier. Was macht man damit? Stellt man es sich als Statussymbol in die gute Stube? Ein Statussymbol ist es schon, aber nicht für die Lebenden. Im April ist *ching ming*. Zu diesem Fest bringt man all diesen Luxus zu den Gräbern verstorbener Familienangehöriger, damit es ihnen im Jenseits an nichts mangelt. Zuerst werden die Gräber sauber gefegt, dann werden die Opfergaben verbrannt, und schließlich betet man zu den Ahnen. Natürlich sollen die Ahnen nicht hungern müssen. So gehört ein Präsentkorb mit allerlei Leckerem, was die Lebenden später selbst verzehren, zu den Ahnengaben. Auch *ching ming* ist ein Familienfest. Es versammelt die lebenden Familienmitglieder in den Akten der Ahnenverehrung. Schon Tage vorher gibt es Warnungen vor Verkehrsstaus für die Straßen um die großen

Friedhöfe wie dem ausgedehnten Choa Chu Kang Friedhof im Westen der Stadt.

Während zu *ching ming* die Lebenden zu den Toten gehen, ist es zum *hungry ghost* Fest im August umgekehrt. Da kommen ruhelose, hungrige Geister von Verstorbenen auf die Erde und können allerlei Schabernack treiben. Nach taoistischer Vorstellung sind die Tore von Himmel und Hölle für einen Monat offen. Der Schaden, den die Geister anrichten können, muss eingedämmt werden. Räucherstäbchen und Papiergeld werden verbrannt, und die Geister bekommen eine reichliche Tafel gedeckt, damit sie nicht hungrig bleiben. Seit einigen Jahren werden in Singapur auch Shows ausgerichtet, um die *guten Brüder und Onkels* wie man die Geister in einer Mischung aus Furcht und Verehrung gerne umschreibt, zu unterhalten. In vielen Stadtteilen werden Zelte für das *getai* errichtet. Ein Mix aus Stegreifkomödie, Szenen aus der chinesischen Oper und Popsongs. Gesungen wird im Dialekt. Einmal im Jahr können sich die Hokkien, die Teochew, die Kantonesen und die Hakka an ihren heimischen Dialekten erfreuen. In den restlichen Monaten wird offiziell nur Mandarin geduldet. Alle aus der Nachbarschaft können am *getai* teilnehmen, aber die erste Reihe bleibt immer frei, denn da sitzen die Geister. Mit einer Büchse Eistee auf jedem Geisterplatz ist auch für Erfrischung gesorgt.

Auf der Festwiese tief in der Vorstadt, in Tampines, ist das große *getai*-Zelt gegen Abend schon gut gefüllt. Ganze Familien sitzen um die runden Tische in Erwartung der Spanferkel, die vorerst noch auf dem Grill brutzeln. Derweil rufen die Organisatoren laut die Sponsoren aus, werden Räucherstäbchen am für die Geister gutgefüllten Gabentisch verbrannt und wartet alles auf den Höhepunkt: die Auktion. Jeder möchte eines der auf einem Podium aufgebauten Glücksymbole ergattern, denn dann wird sein Haus für das ganze Jahr vor Geisterunheil beschützt werden. Besonders begehrt sind kunstvoll verpackte Kohlebrocken, das *schwarze Gold*. Bei den Auktionen wird geklotzt. 50 Singapur Dollar (S$) sind der Mindesteinsatz. Große, vom Priester geweihte Kohlestücke gehen in wohlhabenden Gemeinden für bis zu 2.000 S$ weg. So kauft man sich gleich für die gesetzte Festtafel im nächsten Jahr ein. Wie oft bei chinesischen Festen, die in einer Mischung aus Religion und Brauchtum wurzeln, geht es nicht zuletzt um Geld. 400 S$ werden aber niemals geboten, denn die 400 ist wegen der Nähe zum chinesischen Wort für Tod eine Unglückszahl.

Die Geister scheinen ganz real zu sein. Ich traute mich nur in Begleitung eines kundigen Chinesen zum *getai* in diesem Wohnviertel, gibt es doch manches Tabu zu beachten, und Vieles bleibt besser unausgesprochen. Ein Restaurantbesitzer erzählte mir allen Ernstes, um *hungry ghost* herum gingen viele Leute nicht gerne spät abends aus, denn der eine oder andere Geist könnte ihnen ja auflauern. Ein Teilnehmer des *getai* in Tampines rät mir vom Fotografieren der Festtafel ab. Es könnte den Unmut der Geister auf mich und auf die ganze Festgemeinde ziehen. Überall in der Stadt machen sich die Geister durch dicken Rauch bemerkbar, denn auch in den Wohnvierteln werden Papiergeld und Glücksbriefe verbrannt. In meiner Wohnanlage stehen für den Geistermonat extra zwei feuerfeste Tonnen bereit.

In diesem Jahr kommt man im August aus dem Feiern gar nicht heraus. Am neunten August ist Nationalfeiertag. Das ist beileibe keine dröge Pflichtveranstaltung. Die 46 Jahre junge Republik lässt die Korken knallen. Auf dem *Float* in der Marina Bay rollt ein Bühnenzauber mit Gesang, Tanz und viel Lichtzauber ab, dass es nur so glänzt und funkelt. Hubschrauber des Militärs fliegen mit der rot-weißen Landesflagge über die Bucht und werfen farbige Ballons ab. Zum Schluss ein brilliantes Feuerwerk. Die Lichtgarben spiegeln sich in den drei Türmen von Marina Bay Sands, bevor sie als Funkenregen ins Meer fallen. Rund um die Bucht ist alles voller Menschen. Dann ein Augenblick Dunkelheit und der Schlussakkord. Auf einem Floß im Wasser steht eine ethnisch fein austarierte Gruppe und singt die Nationalhymne, gefolgt von *The Pledge*, dem Gründungsschwur. *Majulah Singapura!* Damit alle dabei sein können, ist auf der ganzen Insel ein Zapfenstreich zu hören, der zum Mitsingen auffordert.

Fast zeitgleich erblicken die Islamhüter die junge Mondsichel und läuten den Ramadan ein, mit Festestrubel rund um Geylang Serai. Da wollen die *Hungry Ghosts* nicht zurückstehen. Der siebente Mondmonat des chinesischen Kalenders, in dem die Geister losgelassen sind, fällt in den August. Zum ersten Mal findet das *getai*, um all zu derbe mundartliche Späße gereinigt, dafür mit Musikstars aus Hongkong und Taiwan, an der Orchard Road statt. Natürlich bleibt auch hier die erste Reihe für die Geister reserviert. Schließlich werden die Schaus zu ihrer Unterhaltung veranstaltet. Fast alle taoistischen chinesischen Tempel veranstalten ihr eigenes *getai* mit von alters her überkommenen Riten.

Wie tief auch moderne Singapur-Chinesen in ihrer chinesischen Geschichte verhaftet sind, erlebe ich zum *dumpling festival.* Swee Lin bringt mir ein Päckchen mit in Bananenblätter eingewickelten Klößen und gleich den passenden chinesischen Tee dazu mit. Weil vor ungefähr 2.280 Jahren ein chinesischer Poet sich aus Verzweiflung über den Zustand seines Landes ins Wasser gestürzt hat und seine Freunde ihn suchten und Klöße ins Wasser warfen, damit die Fische nicht ihn, sondern die Klöße fressen, verzehren Chinesen noch heute *zongzi*-Klöße und halten Drachenbootrennen ab. Das Bootrennen muss wegen schlechtem Wetter verschoben werden, aber die schmackhaften, mit Hühnerfleisch würzig gefüllten Klöße verzehren wir mit Behagen, in Erinnerung an die romantische Legende vom Poeten.

Spötter sagen, er war betrunken und ist deshalb ins Wasser gefallen. Was soll's! Es bleibt eine hübsche Geschichte und ein Anlass, zu feiern.

Süßes gibt es dagegen beim *half moon festival* zum Vollmond im September. Die Herbstsaison des Mondjahres wird mit kunstvoll verzierten *mooncakes* in bemalten Kästchen gefeiert. Alle Hotels und *malls* wetteifern um die neuesten Kreationen aus ihren Bäckereien und Dekoabteilungen. Für sechs *mooncakes* mit chinesischen Schriftzeichen und exotischer Füllung in bestickter Box, die man später als Schmuckkasten verwenden kann, wird man leicht 200 S$ los. Überall werden wieder rote Laternen aufgehängt. Laternenumzüge erinnern an unsere Sankt Martin-Bräuche, aber Löwentanz und Yue-Oper im Gemeindezentrum sind ganz chinesisch. Wie zu Neujahr schenkt man einander glückbringende Orangen und Pomelos. Die großen orangenen und gelben Bälle der Zitrusfrüchte symbolisieren den Mond. Man lädt die Familie zur Teestunde mit *mooncakes* ein und betrachtet den vollen Mond. Die Drachen tanzen mit goldener Kugel im Maul. Natürlich steckt wieder eine poetische Legende dahinter. Chang Er, ein schönes Mädchen, das im Palast des Jadekaisers, des obersten taoistischen Gottes lebte, zerbrach eines Tages eine wertvolle Porzellanschale. Verärgert schickte der Kaiser Chang Er auf die Erde, wo sie bei den Sterblichen leben musste. Sie heiratete einen königlichen Jäger, floh aber vor seinem Zorn und flog zum Mond, wo sie bis in alle Ewigkeit blieb. In vielen Tempeln sieht man die schöne Chang Er in zarte Schleier gehüllt auf ihrem Flug zum Nachtgestirn.

Chinesische Tempel sind bunt und voll. In jeder Ecke steht ein anderer Gott. Auf dem Dach spielen Drachen, im Hof befindet sich der große, mit Sand gefüllte Messingbehälter für die Räucherstäbchen. Die Tiere des Zodiak, allerlei sagenhafte Dämonen und nicht zuletzt ein Verkaufstresen für Glücksbriefchen, Räucherstäbchen, Lotuskerzen und Buddha-Amulette gehören zur Standardausstattung.

Der Tempel in meinem Wohnviertel ist anders. Golden leuchtet sein Pagodendach hinter einer Zeile von Garküchen und Kramläden hervor. Er ist im Thaistil errichtet und allein der Lehre des Buddha gewidmet. Ich komme mit einem der Mönche im safrangelben Gewand ins Gespräch. Einmal im Monat staubt er nachts, wenn alles still ist, die goldene Kuppel ab, damit sie immer glänzt. Er ist noch im *kampong* aufgewachsen. *In meinem früheren Leben bin ich ziemlich unheilig gewesen, habe gespielt und den Frauen nachgestellt*, sagt er verschmitzt. Er hat bei einem Meister in einem Waldkloster in Thailand gelernt. Nun lebt er hier im Tempel und scheint mit sich und der Welt im Reinen zu sein. Zwei Anwohner kommen in den Hof und werfen mit aller Kraft eine Kokosnuss in einen offenen Behälter, in dem schon andere zerborstene Nüsse liegen. Der Mönch fordert mich auf, auch eine Nuss zu werfen. Ich strenge mich wohl nicht genug an, denn meine Kokosnuss bleibt ganz. Schade, denn nun kann ich mein Inneres nicht enthüllen und dem Buddha nicht zeigen, dass es so süß und rein wie das Fleisch einer Kokosnuss ist, trotz der rauen äußeren Schale.

An einem heißen Tag im Mai bin ich schon früh unterwegs. Es ist *vesak day*, und ich möchte diesen hohen buddhistischen Feiertag in mehreren Tempeln erleben. Es ist der Tag, an dem Siddharta Gautama, der Buddha, geboren wurde, an dem er später unter einem Banyanbaum die Erleuchtung erfuhr und an dem er schließlich starb.

Einer der bedeutendsten und größten buddhistischen Tempel Singapurs steht in Chinatown an der Sago Street. Im traditionellen Stil der Tang Dynastie mit dem geschwungenen, mehrstöckigen Dach, den Keramikziegeln in Form von Bambusstangen, zwei Höfen und der großen Halle mit der auf einer Lotusblüte thronenden, goldenen Buddha-Statue, wirkt er alt, ist aber recht neu. Erst 2002 hat die buddhistische Gemeinde Singapurs den kostbarsten Besitz des Tempels, ein Stück von Buddhas Zahn, aus Burma/Myanmar erworben und um diese Reliquie den Tempel gebaut. Ein Freund erzählt mir, seine Mutter habe an der Pilgerfahrt zur Einholung der Reliquie teilgenommen. 62 Millionen S$ habe der Bau auf dem teuren City-Grundstück gekostet. Singapurer sind offenbar spendenfreudig, wenn es um Glaubensdinge geht. Drinnen sind orangefarbene Absperrungsbänder gespannt wie bei der Passkontrolle am Flughafen. Die Gläubigen stehen Schlange. In

Schüben werden sie vorgelassen, um von den Mönchen gesegnet zu werden. Dann begießen sie ein Buddhababy, das ungefähr wie ein asiatisches Jesuskind aussieht, mit heiligem Wasser. Schließlich gehen sie an den Hunderten von kleinen, goldenen Buddhastatuen an den Wänden entlang und werfen Münzen in bereitstehende Schalen. Ich gehe durch die Haupthalle zum hinteren Hof und trete dort wieder in die Welt der chinesisch geprägten Götter und Legenden ein. Bewegt wie der chinesische Drachen windet sich die Schlange Naga um ein Schwert. Sie ist Manifestation eines der fünf Weisen des esoterischen Buddhismus und zugleich vorbuddhistisches Fruchtbarkeitssymbol. Hier wird ebenfalls gebetet und werden Lotuskerzen angezündet.

Szenewechsel zu Little India. Auch im Sakya Muni Buddha Gaya Tempel der tausend Lichter an der Race Course Road herrscht reges Treiben. Hier werden die Gläubigen vom Tempeldiener mit einer Stange in Zaum gehalten, bevor sie sich in kleinen Gruppen den Mönchen nähern dürfen. Ein riesiger weißer Buddha mit einem Heiligenschein aus zahllosen Lämpchen scheint alles gleichmütig geschehen zu lassen. Der Höhepunkt ist das Goldblatt-Auflegen. Auf eine kleine Buddhastatue dürfen Gläubige Goldplättchen aufkleben, die sie zuvor gekauft haben. Die Helferin tupft ihnen danach einen goldenen Fleck auf die Stirn. Die meisten Gläubigen sind hier Inder. Als ich draußen meine Schuhe – in allen Tempeln muss man die Schuhe ausziehen – aus dem

Haufen fische, wünscht mir eine Tempelbesucherin mit goldenem Zeichen auf der Stirn h*appy vesak day*. So bin ich mit dem recht geschäftsmäßigen Treiben im Tempel versöhnt.

Im Tempel schräg gegenüber sind es Chinesen, die beten und das Buddhakind, das hier in einem kleinen Springbrunnen steht, mit Wasser begießen. Eine junge Helferin hilft einer alten Frau, die Wasserkelle auf die Buddhaplastik zu richten. Wir dürfen alle einen Wunsch für Familie und Wohlergehen auf rote Bänder schreiben und sie dem thronenden Buddha präsentieren, auf dass er sie segne. Die Bänder werden dann an einen Baum geheftet.

Die schönste und ruhigste Zeremonie erlebe ich zuletzt im burmesischen Tempel in der Rajah Street. Der Abend dämmert schon, als ich im großen Hof des Tempels ankomme. Zierliche Burmesinnen im Sarong zur knappen Jacke, wie wir sie von den Fotos Aung San Suu Kyis kennen, kommen mir entgegen. Der *vesak day* nähert sich seinem Ende. Drinnen thront ein schöner Buddha aus Alabaster auf seiner Lotusblüte, und die Gläubigen sitzen davor auf dem Teppich in der Mitte der Halle oder vor den Mönchen, die sich in zwei Reihen an den Seiten für Segnung und ein paar Worte bereit halten. Im Hof, zu dem eine geschwungene Treppe mit goldenen Schlangen auf den Geländern hinunter führt, darf jeder die große Trommel schlagen, um zu zeigen, dass er an diesem Tag hier gebetet hat. Sie wird von zwei

Figuren getragen, die ein wenig wie Max und Moritz aussehen. Das Begießen des Buddhababys findet im Freien statt und ist besonders schön. Aus einer großen Schale mit Wasser, auf dem Blütenblätter schwimmen, schöpft man etwas gesegnetes Wasser in eine kleinere Schale und tritt zum Buddha. Zum Schluss bekommen alle Besucher einen Becher mit einem erfrischenden Traubenzuckergetränk zur Stärkung. Ich gehe beschwingt durch die abendlich stille Rajah Street zurück zur MRT, vorbei an der in tiefem Schatten liegenden Villa Sun Yat Sens. Hier hat der chinesische Revolutionär einige Jahre gelebt und Geld für seinen Kampf bei den wohlhabenden Straits Chinesen gesammelt.

An *songkran* im April geht es in Singapur weit ruhiger zu als in den Tempeln Thailands. Die großen Wasserschlachten bleiben aus. Das Fest wird nur in den Tempeln, die eine Thai-Gemeinde haben, zelebriert. Ich bekomme aber doch im Wat Palelai im Stadtteil Bedok nahe meiner Wohnung eine Dusche ab, diesmal nicht beim Löwentanz, sondern zu Ehren Buddhas.

Die Straßen entlang des Weges vom Sri Layan Sithi Vinayagar Tempel in Little India zum Chettiar Temple Sri Thendayuthapani an der Tank Road im CBD sind abgesperrt. Auf meinem Weg dorthin steigen immer mehr indische Familien in Festtracht in die MRT zu. Die Frauen tragen ihre schönsten Saris, viel Goldschmuck und eine Jasminkette im Haar, einige Männer lange bestickte

Jacken, auch die Kinder sind festlich geschmückt. Einige kleine Jungen haben rasierte und mit Turmeric/Gelbwurz eingeriebene Köpfe. Ich postiere mich auf halbem Weg an der Fort Canning Road. Da kommt schon der erste Träger eines *kavadi*. Der kräftige junge Mann trägt ein rundes, offenes Metallgestell, das seinen nackten Oberkörper und Kopf umgibt. Oben ist es mit einer hohen Krone aus schillernden Pfauenfedern geschmückt. Ketten und Stangen mit scharfen Spitzen stecken in Brust und Rücken des Mannes. Die *kavadi*-Träger bereiten sich wochenlang mit einer speziellen Diät, Übungen und Gebeten auf diese freiwillige Tortur vor: zu Ehren des Hindugottes Murugan, der vor allem von den Südindern verehrt wird. Sie erdulden die Spieße, weil einst Murugan mit einem Schwert, das ihm Paravati gegeben hat, den Dämon Soorapadan tötete. Obwohl die Spitzen tief im Fleisch stecken, kann ich kein Blut entdecken. Wie das möglich ist, bleibt mir ein Rätsel. Die Träger sind von jungen Männern umgeben, die sie mit Gesängen unterstützen und anfeuern.

Es ist *thaipusam*, das Fest im Mondmonat Thai. Am Vorabend war schon Lord Murugan auf seinem Silberwagen von seinem Heimattempel über einen weiteren Hindutempel in Chinatown zum Tempel am Endpunkt der Prozession getragen worden.

Ich gehe ein Stück mit dem Zug mit. Vor dem Chettiar Tempel wird es eng. Alle wollen hinein, auch wir Fremden dürfen teilnehmen. Viele

Frauen tragen Schalen mit Milch als Opfergaben. Auch an den *kavadi* sind kleine Milchtöpfe befestigt. Jemand reicht mir einen Becher mit kühler Buttermilch, eine willkommene Erfrischung in der mittäglichen Hitze. Für die Schuhe, die man in den riesigen Haufen, die sich schon gebildet haben, niemals wiederfinden würde, werden von den Helfern Plastiktüten ausgeteilt. Ein großes Gedränge, vorbei an den Musikern mit Trommeln und Flöten, dann bin ich im Tempel. Hier geht alles trotz der durchströmenden Massen gemessen und friedlich zu. Die Träger haben ihre *kavadi* an der Seite abgestellt, eine skurile Assemblage. Die Gläubigen defilieren an den Priestern in ihren weißen Lendentüchern vorbei und erhalten etwas in Milch gekochten Reis und gelbes Turmericpulver. Wieder draußen, stehen alle noch eine Weile in Gruppen beisammmen und plaudern. Eine freundliche Inderin erklärt mir den Ritus. Als ich bemerke, ich bewunderte, mit welcher Geduld und Großzügigkeit die Gläubigen die vielen ständig fotografierenden Fremden ertrügen, entgegnet sie, die Hindu-Gemeinde heiße alle willkommen und wolle, dass man ihren Glauben verstehe. Im Vergleich etwa mit dem Chinesischen Neujahr geht es hier zugleich farbiger und spiritueller zu. Geld als Synonym für Glück scheint nicht im Vordergrund zu stehen.

Das größte Hindufest des Jahres ist *deepavali*, das Lichterfest, Ende Oktober. Es spielt auf das klassische indische Epos Ramayana an. Als Rama, eine Inkarnation des Gottes Vishnu, nach langem

Exil siegreich in seine Stadt Ayodhya zurückkam, zündeten die Menschen voller Freude Lichter an. Auch viele Nichthindus pilgern in dieser Zeit nach Little India. Schon Wochen vorher erstrahlt die Serangoon Road im Glanz von Tausenden farbiger Lichter. Blumengirlanden sind über die Straße gespannt. In den kleinen Seitenstraßen sind überdachte Märkte aufgeschlagen. Hier kann man sich Henna auf die Hand malen lassen oder Räucherstäbchen, indische Gewürze und viel Dekoratives kaufen. Ich setze mich mit einem Masala-Tee einem süßen, würzigen indischen Tee, mit Milch, in ein Straßencafé und lasse das bunte Treiben an mir vorbeiziehen. Eine Straßenparade mit Festwagen, auf denen Szenen des Ramayana nachgestellt wird, ist der Höhepunkt der Festtage. Zum Abschluss gib es ein Konzert mit Tanz und Gesang, begleitet von indischen Instrumenten. Es ist farbenfrohes, beschwingtes *Bollywood* live.

Dank einem alten Hindu, der mich im Tempel in der Ceylon Road ansprach, erfuhr ich vom *Maha Kumbabishegam*, dem Fest zu Ehren von Sri Muneeswaran, von dem man glaubt, er könne Böses abwenden. Vor dem Tempel des Gottes am Queensway – einem der ältesten Singapurs – türmten sich die Schuhe. Sogar Staatspräsident S. R. Nathan, selbst Inder, war erschienen, denn das Fest findet nur alle zwölf Jahre statt. Tausende von festlich gekleideten Gläubigen wurden draußen mit heiligem Wasser besprüht, während drinnen die Priester vedische Hymnen sangen und ein heiliges Feuer entzündeten. Trommel- und

Flötenmusik erfüllte den Raum. Alle Gläubigen näherten sich der Flamme, hielten ihre Hände darüber und dann über ihre Augen. Als Zeugen der heiligen Zeremonie würden sie von nun an beschützt sein. Während der folgenden 48 Tage wird es besondere Gebete geben.

Auch die Malaien heißen ihre nichtmuslimischen Landesgenossen bei ihren religiösen Festen willkommen. Sie geben sich offen und distanzieren sich von fundamentalistischen Gruppen in Nachbarländen wie Indonesien. So besteigen wir Ungläubigen gespannt den in diesem Jahr erstmals bereitgestellten Pendelbus, der uns im Fastenmonat *Ramadan* von Geylang Serai auf eine Rundfahrt durch das festlich erleuchtete malaiische Viertel führt. Wir bekommen einen Karton mit *iftar*, der Speise, die für die Gläubigen das Fasten am Abend bricht: Datteln und Wasser und dazu eine Koraneinführung. Der Muslim Council hat alles arrangiert. Man bemüht sich, bei der nicht-muslimischen Mehrheit Verständnis für die islamischen Gebräuche zu wecken. Die Moscheen sind erleuchtet, ein Bazar ist im Malay Village aufgeschlagen. Bis in die Nachtstunden herrscht rund um das Village in den Basarzelten Gedränge. Man kann sich mit *kebayas*, Gebetsteppichen und *ketupat*, Reisklößen in geflochtenen Bambuspäckchen, eindecken. Auch Chinesen nutzen gerne die Gelegenheit, malaiische Spezialitäten zu probieren. Für heimwehkranke Inder gibt es das Taj Mahal als Briefbeschwerer. Am *ketupat*-Stand liegen die säuberlich aufgereihten DreieckKlöße über einem Schild, das uns versichert: *Allah ist der beste Ernährer.*

Es gibt malaiische Musik und Tanz bis zum Höhepunkt Ende August, wenn *Hari Raya Puasa*, wie es auf Malaiisch heißt, den Fastenmonat beendet. Schon früh morgens und noch spätabends gehen in diesen Tagen die Gläubigen zu Gebeten in die Moschee. Die dritte Säule des Islam, das Almosengeben wird nicht vergessen, und zuhause wartet ein großes Festmahl. Familien besuchen einander. Überall ist offenes Haus für Nachbarn, Freunde und Anverwandte. In einigen Gassen rein muslimischer Viertel werden auch auf der Straße lange Tische mit Speisen aufgestellt. Die meisten Singapurer wohnen heute allerdings in Wohnburgen, in denen sich Chinesen, Inder und Malaien mischen. Manche malaiische Großfamilie feiert *Hari Raya* auf dem sogenannten *void deck* eines solchen Wohnhochhauses, der überdachten Fläche mit Tischen und Stühlen im Erdgeschoss, die für Feste und Versammlungen der Wohngemeinschaft freigehalten wird.

Fast so wichtig wie das Ende des Ramadan ist für Singapur-Malaien *Hari Raya Haji*, die festliche Zeit, die das Ende der Mekka-Pilgersaison markiert und diesmal in den November fällt. Changi Airport, der Flughafen von Singapur, läuft auf Hochtouren, weil ganze Flugzeugladungen von der *haj*, der Pilgerfahrt, aus Mekka zurückkommen. Ich wohne nur wenige Busstationen vom Flughafen entfernt. So fahre ich hinaus, um ein wenig von der Wiedersehensfreude und dem Festtrubel mitzubekommen. Viele Familien feiern gleich an Ort und Stelle in den zahlreichen *halal*-Restaurants des Flughafens. Die Daheimgebliebenen finden sich festlich gekleidet in den Moscheen zu Gebeten ein. Das Besondere an *Hari Raya Haji* ist das Tieropfer. Je nach Wohlstand wird ein Hammel oder eine Ziege geschlachtet, um daran zu erinnern, dass Ibrahim/Abraham bereit war, Gott seinen Sohn Ismael zu opfern. Niemand soll an diesem heiligen Tag hungrig bleiben, so wird das Fleisch der Opfertiere an die Armen verteilt. Wieder erlaubt ein Bazar in Geylang Serail auch Nichtmuslimen, etwas von der Festfreude mitzuerleben

Viele Singapurer betrachten Deutschland als das Weihnachtsland schlechthin und besuchen voller Staunen den Nürnberger oder den Münchner Christkindlmarkt auf ihrer obligaten Europareise. Der Weihnachtsschmuck im Erzgebirge-Laden in der angesagten Ion Mall, obwohl sündhaft teuer, geht weg wie warme Semmeln. Dabei haben die Singapurer eine rechte Weihnachtsorgie vor der Haustür. Im Dezember ist die gesamte Orchard Road weihnachtlich geschmückt. Über der Straße leuchten Lichterbögen in tropischer Farbenpracht lila und purpur. An jeder Ecke steht ein großer, künstlicher Weihnachtsbaum, von Firmen gesponsert. Ferrero schießt den Vogel ab mit einer Pyramide ganz aus goldenen Kugeln. In allen Bürogebäuden stehen riesige Weihnachtsbäume. An einem Platz singt eine a capella Gruppe Christmas

Carols aus voller Kehle, an der Ecke Scotts Road fotografiert eine chinesische Reisegruppe einander vor den silbernen Engeln mit Psalter und Harfe. In einer Nebenstraße hat Santa Claus seinen Schlitten mit den Rentieren abgestellt. Die gesamte Fläche der Tanglin Mall ist mit goldenem Flitter behängt. Jedes Jahr findet ein Wettbewerb um die schönste Weihnachtsdekoration der Einkaufszentren statt. In einem Kiosk kann man die Dekorationen der letzten Jahre auf Großfotos bewundern. Weihnachten ist ein Fest, das alle Singapurer vereint, vor allem in Kauflust. Die Ausstattung erinnert mich an New York mit seinen rosa und himmelblau gespritzten Tannen.

Eher bescheiden geht es dagegen beim Weihnachtsgottesdienst in der Heiliggeist-Kirche in meiner Nachbarschaft zu. In der großen modernen Hallenkirche verlieren sich die kleinen Engel und Hirten des Krippenspiels fast. Mütter und Väter fotografieren stolz ihre Sprösslinge mit den goldenen Flügeln und den Hirtenmänteln. Der Pfarrer hält die Predigt auf Englisch. Die meisten Gemeindemitglieder sind Chinesen, vereinzelt sehe ich Inder und ein paar wenige westliche *expats*. Kirchen gibt es in allen Stadtteilen. Ungefähr 18% Singapurer sind Christen. Sie machen aber auch gerne das Chinesische Neujahr mit. Im fliegenden Wechsel werden die Päckchen unterm Weihachtsaum abgeräumt und die rot-goldene Neujahrsdekoration hervorgeholt. Ein neues Festjahr kann beginnen.

Im *Nanny State*

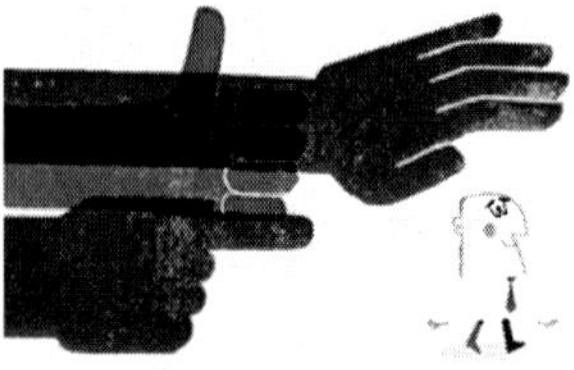

Wer mir bisher auf meinen Streifzügen gefolgt ist, könnte meinen, Singapur sei nicht die moderne Metropole, von der er immer gehört hat. Was sich dem Besucher zuerst zeigt, ist tatsächlich Singapurs modernes Gesicht, die beeindruckende Skyline der Büro- und Apartmenthochhäuser im CBD, die glänzenden Fassaden der Einkaufszentren mit ihren Luxusgeschäften an der Orchard Road. Verlässt man das Zentrum, so fallen vor allem die endlosen Reihen der Wohnhochhäuser des Housing Development Board (HDB) auf. Hier leben 80% der knapp fünf Millionen Singapurer.

Im *heartland*, wie die Wohnbezirke außerhalb der City genannt werden, was in der Bedeutung zwischen *Herzland* und *Hinterland* changiert, liegt das Bedok Sportstadion. Als ich dort an einem Spätnachmittag im Mai ankomme, sind die Tribünen nur schwach besetzt. Es gibt auch kein Sportereignis, sondern eine politische Veranstaltung zu sehen. Die regierende Partei Peoples Action Party (PAP) ist zu ihrer letzten Rally vor den bevorstehenden Parlamentswahlen angetreten. Das

Besondere: Die PAP regiert schon seit 1959, sechs Jahre bevor es den Staat Singapur gab. Da ist es verständlich, dass ihre Wahlveranstaltungen keine Massen anziehen. Es ist halt *business as usual*, obwohl Ministerpräsident Lee Hsien Loong selbst angetreten ist, wie seine Parteikollegen ganz in Weiß. Die Farbe der Reinheit und Unschuld trägt die Partei seit ihren Anfängen. Angesichts dieser über 60jährigen, weitgehend unangefochtenen Alleinherrschaft, ist es nicht verwunderlich, dass man hier nach der Wahl von einem Erdrutsch spricht. Hat doch erstmals die Oppositionspartei Worker' s Party einen größeren Wahlkreis – es gibt deren 15 – für sich gewonnen. Gleichzeitig hat die PAP mit 60% der Wählerstimmen das niedrigste Ergebnis ihrer Geschichte erzielt. Lee Kuan Yew, der greise Gründungsregierungschef und Architekt der Erfolgsstory, die Singapur heißt, fühlte sich sogar bemüßigt, etwas mehr in den Hintergrund zu treten. Jahrzehnte lang war der hartgesottene, fähige Pragmatiker Garant von Singapurs Wohlergehen. Übervater der Nation bleibt er, der zugleich der leibliche Vater des jetzigen Ministerpräsidenten ist, weiterhin. Das Geheimnis seines Erfolges sind gutes politisches Management und Kontrolle. Vater Staat sorgte lange für fast alles, ohne allerdings in den Fehler sozialistischer Planwirtschaften zu verfallen. Die Verantwortung fürs Geldverdienen und den beruflichen Aufstieg wurde dem Einzelnen nie abgenommen. Gleichzeitig förderte man, und tut es noch, mit massiven Wohnungsbauprogrammen das Wohneigentum in allen Schichten und investierte in gute Ausbildung. Wer die alten Fotos von Chinatown im Chinese Heritage Centre sieht und die nachgebauten Elendsquartiere, wie sie noch in den 60er Jahren bestanden, versteht, welch langen Weg Singapur zurückgelegt hat bis zu der modernen Stadt, in der es keine Elendsviertel und kaum Armut gibt.

Die Bürger sind mit der PAP gut gefahren und waren lange zufrieden. Erst in jüngster Zeit regt sich Unmut, aber nicht über mangelnde Freiheit, sondern über zu viele Ausländer und zu hohe Wohnkosten. *Wir sind verwöhnt*, räumt eine Gesprächspartnerin ein. Der singapurische Autor Cherian George betitelte seine Essaysammlung von 2000 *Singapore – The Air-Conditioned Nation. Essays on the politics of comfort and control / Singapur – Die klimatisierte Nation. Essays über die Politik von Wohlstand und Kontrolle.*

Obwohl sich Vieles in den letzten Jahren gelockert hat, ist das Etikett *Nanny State* nicht so falsch. Hört man allein die warnenden und ermahnenden Ansagen in den sauberen und sicheren Stadtbahnzügen, glaubt man, nur Unmündige benutzten dieses vorzüglich funktionierende Verkehrsmittel. Täglich höre ich auf meinen Fahrten in die Stadt:

Bitte stehen Sie hinter der gelben Linie. Bitte beachten Sie die Lücke zwischen Zug und Plattform. Lehnen Sie sich nicht an die Tür. Machen Sie Platz für aussteigende Fahrgäste. Gehen Sie bitte mit Rücksicht auf andere

Fahrgäste in die Mitte des Wagens durch. Wenn Sie schwere Lasten tragen oder gehbehindert sind, benutzen Sie bitte den Fahrstuhl. Halten Sie sich auf der Rolltreppe am Geländer fest. Essen und Trinken in Zügen und auf Bahnsteigen ist nicht erlaubt. Sollten Sie eine verdächtige Person oder Sache sehen, so drücken Sie bitte den Knopf für das Notsignal und verständigen Sie das Bahnpersonal.

Wer das liest, denkt sicher, in den Bahnen Singapurs herrsche Chaos, dem sich die Verantwortlichen entgegenstemmen müssen. Er wird überrascht sein, wie zivilisiert es tatsächlich in den Bahnen zugeht. Anscheinend ist es den Singapurern in Fleisch und Blut übergegangen, ermahnt und geleitet zu werden.

Im meiner Wohnanlage erhielt ich kürzlich einen längeren Brief der Hausverwaltung in gestelztem Beamtenenglisch, wir sollten alle die beiden *Fenstersicherheitstage* des Jahres beachten. Das gibt es tatsächlich: von der Regierung festgelegte Tage, an denen alle Wohnungsbesitzer oder -mieter sich um die Sicherheit ihrer Fenster zu kümmern haben, denn sie könnten ja hinausfallen und dann…. Nicht auszudenken! Auf der Internetseite der Baubehörde können sich alle Zweifler ein Video mit den schrecklichsten Folgen von fallenden Fenstern ansehen, die gesetzlichen Bestimmungen nachlesen, eine Liste von Glasern abrufen usw. Der Spruch, der gerne auf Deutschland gemünzt wird, nachdem alles verboten ist, was nicht ausdrücklich erlaubt wird, könnte ebenso auf Singapur Anwendung finden, auch wenn Strafen für Kaugummi kauen und Papier hinwerfen der Vergangenheit angehören.

Singapur sieht sich selbst als weltoffene Stadt, doch die Freiheit genießt man lieber in homöopathischer Dosierung. Eine freie Presse gibt es nicht. Die regierungsnahe Media Corporation hat das Medienmonopol. Entsprechend zahm sind die Zeitungen. Täglich wird mir *Today* kostenlos vor die Tür gelegt. Dazu lese ich die einzige englischsprachige Zeitung von einiger Bedeutung, die ehrwürdige *The Straits Times*, die es seit den frühen Tagen der englischen Kolonialherrschaft gibt. Da finde ich alles Wissenswerte aus dem Stadtstaat, Politik, Wirtschaft, Kultur, Sport, soweit es nicht zu konträr ist. Auch über die Opposition wird in Maßen berichtet. Man darf sich diese Zeitungen aber nicht wie das Neue Deutschland aus DDR-Zeiten vorstellen. Die Journalisten sind kompetent, die Berichterstattung über Wirtschaft und Äußeres, besonders aus den asiatischen Nachbarländern, ist umfangreich und interessant. Die Mischung aus Zensur, vorauseilendem Gehorsam und der asiatischen Mentalität, die den Kompromiss gegenüber dem Konflikt bevorzugt, sowie der Sinn für (journalistische) Qualität führen zu lesbaren Ergebnissen, von denen man allerdings kaum Aufmupf erwarten darf.

Die Zeiten der schweren Hand sind vorbei. Das *social engeneering* alten Stils auch. Vergessen sind die Kampagnen für mehr Kinder von Akademikern, um das Niveau des nationalen Genpools zu heben. Dort wo es um sensible Fragen geht, wie das harmonische Zusammenleben der verschiedenen Ethnien und Religionsgemeinschaften, greift der Staat weiter ein. So gibt es für die HDBs Belegquoten nach ethnischen Bevölkerungsgruppen, damit sich keine Ghettos bilden können. Die soziale Kontrolle ist in den HDBs ohnehin groß. In jedem Block gibt es Beiräte, die für Gemeinschaftsveranstaltungen und Ausrichtung religiöser und nationaler Festtage sorgen.

Was man in dieser traditionell zurückhaltenden asiatischen Gesellschaft als anstößig empfindet, wird zensiert. So wurde ein Exponat eines ausländischen Künstlers auf der Kunst Biennale von 2011, die sich ansonsten besonders international gab, entfernt, weil es sexuell zu explizit sei. Es handelte sich um den Nachbau einer spanischen Tapasbar, zu der neben vielen anderen Objekten ein paar alte Sexmagazine unterm Ladentisch gehörten. Missliebige politische Theaterstücke werden nicht mehr verboten, aber man dreht ihnen gerne den Geldhahn zu.

Weiterhin gilt der *Internal Security Act (ISA)*, ein Gesetz, das dem Staat weitgehende Freiheit bei der Interpretation dessen, was gegen sein Wohl gerichtet ist, einräumt und Gefängnisstrafen von bis zu zwei Jahren (früher waren es zehn) ohne gerichtliches Verfahren möglich macht. Es gibt nach wie vor – für Männer – die Prügelstrafe, und, etwa für Drogenbesitz, die Todesstrafe. In dem Theaterstück *Balai Kampong* über eine singapurisch-indische Journalistin, die unter dem ISA inhaftiert wurde, sagt die Protagonistin zornig zur verhörenden Polizeibeamtin: *Singapur ist ein Disneyland mit Todesstrafe.* Immerhin ist solche Kritik im Theater heute möglich, sofern die Obrigkeit das Stück passieren lässt. Für jeden Film, jedes Theaterstück ist weiterhin eine Regierungslizenz notwendig. Politische Abweichler, wie der Generalsekretär der Singapore Democratic Party, Chee Soon Juan, der mit dem Finger auf Einschränkung der Bürgerrechte, Rechtsmissbrauch und soziale Ungerechtigkeiten zeigt, werden mit Prozessen überzogen, ausgegrenzt und kaltgestellt.

Ziemlich sicher scheint mir, dass Singapurer trotz des jüngsten Flirts mit der Workers' Party keinen Systemwechsel wollen. Sie haben sich in ihrem prosperierenden, fürsorglichen Staat eingerichtet und sehen um sich herum in den Nachbarländern kein besseres Modell, vielmehr Korruption, Armut und soziale Unrast, alles heute weitgehend Fremdwörter im *Nanny State.* Wenn eine Ideologie herrscht, so ist es die der Pragmatik, des Vorrangs von Gemeinwohl vor Individualität und des unbegrenzten Wohlstands.

Ihr paternalistischer Staat beschützt sie auch vor unberechenbaren Nachbarn. Singapur, obwohl niemals in seiner kurzen Geschichte irgendwelchen äußeren Bedrohungen ausgesetzt, hat einen ungewöhnlich großen, leistungsfähigen Militärkomplex und einen zweijährigen Militärdienst sowie Pflichtreservistenübungen bis zum 40. Lebensjahr. Wen ich auch darauf angesprochen habe, alle sind sich einig: *Wir brauchen eine stark Verteidigung*, obwohl einem Fremden die ständige Sorge um die Verteidigungsbereitschaft eher wie politische Paranoia erscheint. Begründet wird sie neuerdings mit befürchteten islamischen Terroranschlägen. Unter der singapurischen Flagge mahnen Plakate an Bahn- und Busstationen im Stakkatoton: *Seid wachsam. Seid auf der Hut. Seid vereint gegen Terrorismus. Seid eins.* Allerdings war das Militär auch schon vor der weltweiten Terrorismuswelle der letzten Jahre stark ausgebaut.

Als ich mit Henry Wong, der früher der Marine angehörte, auf der breiten, blumenbestandenen Avenue Richtung Flughafen fahre, macht er mich auf die Straßenbepflanzung aufmerksam und lässt mich raten, warum kilometerlang die üppigen Bougainvilleabüsche und tropischen Bäume in großen Töpfen stehen. Des Rätsels Lösung: Sie können im Falle eines Angriffs innerhalb kurzer Zeit weggeräumt werden, um aus der Straße einen Flugzeugstart- und Landeplatz zu machen. Einmal im Jahr hat die Luftwaffe offene Tür, und ich wollte diesmal dabei sein. Ich hatte aber nicht mit der Begeisterung der Singapurer für ihr Militär gerechnet. Abertausende schienen sich auf den Weg gemacht zu haben. In langer Schlange warteten wir auf die ohne Unterlass hin und her fahrenden Pendelbusse, und vor jedem Kampfflugzeug bildeten sich Menschentrauben, die einander mit dieser Errungenschaft ihres Landes fotografieren wollten.

Manchen geht die ganz auf Effizienz setzende Regierung, die ihr Land eher wie ein Unternehmen führt, zu weit. Zum Wohlstand von *Singapore Incorporated*, in dem jeder sechste Bürger eine Million S$ auf der hohen Kante hat, wünschen sie sich Wohlfühlen dazu. Mehr Herz und weniger kühler Pragmatismus war ein erfolgreicher Slogan der Opposition im jüngsten Parlamentswahlkampf. Bei der bald danach folgenden Präsidentenwahl konnte sich der Kandidat des Establishments nur knapp vor dem volksnäheren Bewerber behaupten. Dabei handeln die meisten Singapurer in ihrem eigenen Leben durchaus pragmatisch. Das Ungefähre schätzen sie weniger als die klare, zielführende Linie, die perfekte Planung mehr als die Improvisation.

Höher, schneller, weiter, schlauer

Mein Lieblingsplatz ist auf der neuen Fußgängerbrücke, die Marina Bay überspannt. Von Esplanade führt sie zum ebenfalls neuen Art-Science Museum und zum nicht minder neuen Marina Bay Sands.

Als ich 2006 zum ersten Mal für zwei Wochen in Singapur war, sah ich vom Boot aus, das mich durch die Mündung des Singapore River in das Becken von Marina Bay brachte, zum offenen Meer hin eine gigantische Baustelle, die im Wasser zu schwimmen schien. Vier Jahre später, frisch angekommen, spazierte ich durchs Kolonialviertel am Alten Parlament und bemerkte hinter den Bäumen etwas, das mir wie eine Erscheinung aus dem Orbit erschien. Im diesigen Licht eines Regennachmittags ragten drei schwindelnd hohe Türme in den Himmel, auf denen gerade ein Raumschiff gelandet war. Drehte man für einen Hollywoodfilm oder für eine Doku über 9/11? Ich hatte zum ersten Mal das ehrgeizigste Produkt singapurischer Baulust erblickt.

Mir blieb das Ganze in seinen hybriden Ausmaßen etwas unheimlich bis ich mir ein Herz fasste, hinfuhr und mich in eine Schlange für die Besichtigung des Rumschiffdecks einreihte. Durch das 23 Stockwerke hohe Atrium am endlos scheinenden Empfangstresen des Marina Bay Sands Hotels und dem goldglänzenden Eingang zum Casino vorbei schwebten wir im Fahrstuhl 200 Meter hoch zur Bar Ku De Ta. Sie führt zum Sky- Park, einem Dachgarten mit hohen Palmen und einem Überlauf-Schwimmbecken, einem *infinity pool*, der die Schwimmer ins Nichts gleiten zu lassen scheint. In denkbar kurzer Zeit hatte man die drei durch das Raumschiff verbundenen Hochhäuser aus der dem Meer abgerungenen Erde gestampft. Der Blick von der Höhe geht über ganz Singapur bis nach Johor in Malaysia im Norden und zu den ersten indonesischen Inseln im Süden. Ein Jahr nach der Eröffnung war zu lesen, dass elf Millionen Menschen Marina Bay Sands besucht hätten. Das Hotel hat 2.561 Zimmer, und die teuerste Suite kostet 14.400 S$. Die gesamte Anlage zusammen mit der Landaufschüttung hat acht Milliarden S$ verschlungen. 1.000 Angestellte sind dort beschäftigt. Allein das Convention Centre bietet 45.000 Teilnehmern Platz. Singapur schwelgt in Superlativen. In dem Gedicht *The Planners* bringt Kim Cheng den Baufuror zum Ausdruck:

Sie bauen und werden nicht aufhören/ Selbst die See weicht zurück / und der Himmel gibt sich geschlagen

Dem Meer Land abzuringen, ist im ständig von Raumnot geplagten Stadtstaat Programm. Seit den 60er Jahren hat sich Singapurs Fläche durch Aufschüttungen von 580 km² auf 720 km² erhöht. Ganze neue Stadtviertel sind auf gewonnenem Land entstanden.

Vor den drei Ausrufezeichen von Marina Bay Sands ragt eine große, künstliche Blume in die Bucht. Das zum Projekt gehörende ArtScience Museum hat die Form einer riesigen halb geöffneten Lotusblüte. Mit drei Kunstausstellungen im Inneren der Blütenblätter wurde es 2011 eröffnet. Im gläsernen Fahrstuhl gleitet man hinauf und hat immer wieder überraschende Ausblicke auf Bucht und Skyline des CBD. Durch einen Samtvorhang trete ich in einen so gar nicht zur kühlen Moderne des Äußeren passenden Raum ein. Die Ausstellung über die Seidenstraße führt durch nachgebaute orientalische Farbenpracht und Fülle, über den Basar von Bagdad, in die Moscheen von Sarmakand, in die Seidenwebereien von Xi'an. Aus einer anderen Halle klingen seltsam klagende und zugleich raue Töne herüber. Eine Gruppe von mongolischen Musikern begleitet die zweite Ausstellung, über Leben und Zeit von Dschingis Khan. Später im Jahr sind dann die chinesischen Tonkrieger zu Gast. Man klotzt mit üppigen Wanderausstellungen.

Ähnelt das ArtScience Museum einer Lotusblüte, so scheint der Esplanade-Theaterkomplex der Durian nachgebildet zu sein. Stachlig und eirund wie die große grüne Tropenfrucht liegt er an der Promenade von Marina Bay. Die kühne Silhouette birgt ein Multiplex Theater mit Konzertsaal, großer und kleiner Theaterbühne, einem Podium, auf dem lokale Bands jeden Nachmittag auftreten und Räume für wechselnde Kunstausstellungen und -installationen. Dieses Kulturzentrum Singapurs ist alles andere als eine abgehobene Weihestätte. Dank seinen vielseitigen Veranstaltungen, die für jeden Geschmack etwas bieten, brummt es von Leben.

Damit nicht genug. In der Bucht vor der Esplanade-Promenade schwimmt das *Float*. Die Bühne auf dem Wasser ist groß genug für Sportveranstaltungen und erlebte ihren bisherigen Höhepunkt mit der Jugend-Olympiade, die Singapur 2010 ausgerichtet hat. 30.000 Zuschauer finden auf der offenen Tribüne Platz, die mit der Promenade durch Stege verbunden ist. Im Januar dient sie als Bühne für die Paraden zum Chinesischen Neujahr und im August für das Defilee zum Nationalfeiertag. Vom *Flyer*, dem Riesenrad dahinter, kann man das Ensemble Singapurer Repräsentationsbauten aus der Vogelperspektive betrachten.

Auf der Stadtseite wird die Marina Bay vom Kranz der Wolkenkratzer des CBD eingefasst. Die Glasfassaden von Banken, Bürohochhäusern und Hotels zeigen, wo in Singapur das Geld verdient wird.

Die allerneusten und kühnsten Hochhausprojekte sind aber für Wohnungen reserviert. Im feucht-heißen Klima und angesichts der begrenzten Möglichkeit, sich in der Fläche auszubreiten, wohnt man am liebsten hoch und luftig. Ein Apartment in einem möglichst funkelnagelneuen Hochhauskomplex mit Swimmingpool, Jacuzzi, Gym, Klubhaus, Parkanlage und Concierge ist das Ziel jedes einigermaßen betuchten Singapurers. Jeden Tag sind die Zeitungen voll von ganzseitigen Anzeigen für *Condominiums*, Komplexe von Eigentumswohnungen, die mit traumhaften Bildern und romantischen Namen wie Blüte, Flamingo-Tal oder Das Segel werben. Die Pools sind schon lange keine schlichten Schwimmbecken mehr, sondern ganze Wasserlandschaften, eingebettet in tropisches Grün. Lauschige Pavillons laden ein zum Familiengrillfest oder Teenachmittag daheim. Ein Drei-Zimmer-Apartment in einem gut gelegenen neuen *Condo* mit allem Komfort kostet so viel wie in Deutschland ein größeres Haus mit Garten.

Für die neuesten Superlative auf dem Wohnungsmarkt hat man international renommierte Architekten eingekauft. An einer anderen Bucht des Inselstaats, an der Keppel Bay, mit herrlichem Blick auf den Yachthafen und die nahen Inseln entsteht gerade *Reflections* von Daniel Libeskind erbaut. Sechs kurvige, verglaste Wohntürme mit 1.129 Wohnungen und Dachgärten in luftiger Höhe erwarten die Käufer. Viele kommen aus dem asiatischen Ausland von Indonesien bis Brunei. Noch höher hinaus will d´Leedon nahe dem

Botanischen Garten, für das man die Stararchitektin Zaha Hadid gewonnen hat. Sie wird sieben 36 Stockwerke hohe Wohntürme mit 1.715 Wohnungen bauen. In den letzten Jahren sind es vor allem reiche Chinesen aus dem Mutterland, die sich in Singapur mit Luxusimmobilien eindecken.

Baukräne und riesige Baustellen gehören zum Stadtbild. Die rasanten Veränderungen der letzten Jahrzehnte lassen besonders ältere Singapurer manchmal etwas ratlos, ob sie noch in der Stadt leben, die sie seit ihrer Jugend zu kennen glauben. Doch die meisten lieben die Superlative. Die Zukunft ist ihnen wichtiger als die Vergangenheit, und sie soll schöner, erfolgreicher, herausragender sein als die Gegenwart. Gilbert Koh, Investment Banker und Lyriker merkt in einem Gedicht kritisch an:

Wieder stolpern wir und fallen Kopf nach vorn in die Zukunft, / hinunter in den nationalen Drang niemals aufzuhören, sich auszuzeichnen.

Das Ranking ist eines der Lieblingsspiele. Wie einst die DDR will man in allem auf Weltniveau sein: Eine Erste-Welt Nation Plus, der zweitgrößte Hafen der Welt vor dem Erzrivalen Hongkong, eines der weltbesten Gesundheits- und Erziehungswesen, die philanthropischste Gesellschaft Asiens, das weltbeste Straßennetz, die teuerste Stadt für *expats* und die Topdestination für Kongresse in Asien, als beliebtester Wohnort weltweit an 15. Stelle. Die Liste ließe sich fortsetzen.

Stolz nennt sich Singapur selbst eine Meritokratie. Fast täglich warnt die Regierung davor, in den Anstrengungen nachzulassen, Singapur wirtschaftlich unter den Topländern zu halten. Wachsam sein, mehr leisten, mehr lernen, immer besser werden ist das Mantra. Versagen ist vielleicht noch mehr geächtet als in anderen Gesellschaften. Ein amerikanischer Kommentator, der Singapurs Unternehmensklima mit Silicon Valley vergleicht, warnt sogar davor, dass die Angst, einen Fehler zu machen, die Innovationskraft hemmen könnte.

Durch Anstrengung und Leistung kann jeder es zu etwas bringen. Konkurrenzdenken wird nicht kritisiert, sondern gefördert. Spötter machen das *kiasu*, die vor allem den Singapur-Chinesen eigene Manie, immer vorne sein zu wollen und sich beileibe nicht übervorteilen zu lassen, für das Klima des Wettbewerbs um jeden Preis verantwortlich. Wenn ich in einem der vielen MRT-Gänge schnell gehe, kann ich sicher sein, dass jemand neben mir noch schneller geht, um mich zu überholen. Ein wenig kann man hier sogar selbst darüber lachen. So war Mr. Kiasu in den 90ern eine beliebte Comic-Figur. Krimiautor Nury Vittachis lässt seinen Singapurer Feng Shui Meister C.F. Wong sagen:

Diese elektrische City mit ihren hochaufragenden Glas- und Stahlmonolithen (…) hatte etwas erfreulich

Energetisierendes. Und die Menschen (…) schienen ebenfalls elektrisiert zu sein. Ständig rannten sie so geschäftig irgendwelchen Terminen nach, dass sich ihr ganzes Leben im Nebel belangloser Tätigkeiten verflüchtigte.

Alle sind überzeugt, dass Lernen der Königsweg zum Erfolg ist. *Trainiere ein Kind, bringe eine Nation* voran, lese ich auf einem Transparent an einem Häuserblock. So ist Singapur bereits das, was manches westliche Land gerne werden möchte: eine lernende Gesellschaft.

Mit dem Lernen kann man nicht früh genug anfangen, also werden bereits Vorschulkinder mit Extrakursen traktiert. Ein befreundetes Ehepaar lernte ich kennen, als sie im Restaurant eines Einkaufszentrums gegen 20 Uhr neben mir saßen und darauf warteten, dass sie ihre Tochter von ihrem Englischkurs abholen könnten. Das Kind im zarten Alter von sieben Jahren bekommt Extraunterricht in Englisch, Mathematik und Mandarin, neben Golf, Ballett und Klavier. *Bereicherungskurse* heißen diese Nürnberger Trichter euphemistisch. Die Schule verlange das, ist das Argument der Eltern. Wer in die erste Klasse eingeschult wird, sollte eigentlich schon Lesen und Rechnen können. Kinder ohne zusätzliche Kurse seien von Anfang an im Nachteil. Nur neun von 50 Eltern, so ein Umfrageergebnis, lassen ihren Vorschulkindern keine Extrastunden geben. Der Monat der Aufnahme von Schulanfängern ist für die meisten Eltern eine Zitterpartie, denn alle

Primarschulen haben Eingangs- oder Einstufungsprüfungen.

Wird unser Kind alle Hürden nehmen können und in die Schule unserer Wahl gehen können? Wird es in die Gruppe der Schnelllerner kommen?

fragen sich die Eltern bang und lassen nichts unversucht, ein wenig nachzuhelfen. Schon Monate vorher helfen Mütter und Väter in den prospektiven Schulen freiwillig aus, um sich als gute Eltern einzuführen. Die Zusatzkurse hören mit der Einschulung nicht auf. Dann geht es erst richtig los. Sechs Stunden privaten Ergänzungsunterricht bekommen die Grundschüler durchschnittlich aufgebrummt. Von schöpferischem Schreiben bis zu Architektur und Immobilieninvestment ist alles dabei.

Beliebt bei Jung und Alt sind Pillen, die Konzentrationsfähigkeit und Gehirnleistung fördern sollen. Als ich auf dem Frankfurter Flughafen zufällig eine Gruppe von Singapurern traf, zeigten sie mir stolz ihr Schnäppchen. Sie hatten Omega 3-Tabletten en gros eingekauft, weil die Gehirnnahrung aus der Pillenschachtel in Deutschland billiger ist.

Auf meinem Weg zur Bushaltestelle kommt mir ein Vater mit zwei kleinen Steppkes im Kindergartenalter entgegen. *Ich bin ein Überflieger* haben die Kleinen auf ihren T-Shirts stehen. Auch für den schulischen Erfolg von Kindern gebe es ein

Ranking, sagt ein befreundeter Vater: Gold, wenn sie dem Klassenpensum um vier Jahre voraus sind, Silber für zweifache Überflieger und Bronze, wenn sie dem Schulstoff nur sechs Monate vorausgeeilt sind. Bei einem Klavierkonzert, staune ich nicht schlecht, dass es vor dem Konzert eine Publikumsrunde gibt, in der Eltern den Pianisten mit Fragen bestürmen, wie sie aus ihrem Kind einen berühmten Klaviervirtuosen machen können. Ein Vater hat sicherheitshalber schon einen Steinway-Flügel gekauft. Vom Talent der Kinder ist weniger die Rede.

Eine Freundin, ehemalige Lehrerin, weiß von Selbstmorden unter Schülern, die diesem Leistungsdruck nicht standhalten konnten. Die Mehrheit bewältigt aber den Druck und die vielen Examina und macht Singapur zu dem was es ist, fast ein Musterland. Wer wollte da Herummäkeln und etwas mehr Entspanntheit erwarten. Trotz oder gerade wegen der unstreitbaren Erfolge hat das soziale Klima Singapurs oft etwas Atemloses. Das abgehackte, schnelle und leicht aufgeregt klingende *Singlish*, das Drängeln um des Drängelns willen, die ständige besorgte Selbstbefragung *Sind wir gut genug?* lassen keinen Raum für Gelassenheit. So traf eine Firma den Nerv, als sie zum *National Day* warb: *Leisten Sie an diesem Nationalfeiertag den Schwur, sich ein wenig mehr zu entspannen.* Journalist Phin Wong schrieb seinen Landsleuten aus diesem Anlass eine kritische Kurzbiographie ins Stammbuch:

Singapur ist 46 Jahre alt, schrecklich effizient, super sauber und sehr klein; ein Muttermal auf dem Gesicht des Planeten. Es ist glühend heiß draußen und eisig kalt drinnen. Ja, und es hat einen beeindruckenden Flugplatz. Und das Essen ist auch gut (…) Wir sagen niemals nein zu einem Schnäppchen, stehen gerne Schlange, nur aus dem Grund, weil schon andere Leute dastehen. Wir stopfen uns zu jeder Tages und Nachtstunde mit Essen voll, wir sind süchtig nach Flip Flops und Shorts. Und zu guter Letzt, wir leben und sterben nach dem Gesetz von ‚kiasu'.

Las Vegas am Meer

Bei meinem ersten Besuch schwebte ich mit der Seilbahn hoch über den Containerhafen Keppel Harbour und die City nach Sentosa. Die größte, Singapur im Süden vorgelagerte Insel ist ein Magnet für Wochenendausflüge. Seit 2011 kann ich nun die 700 Meter zu Fuß hinübergehen. Der elegant geschwungene *boardwalk* mit seiner Verkleidung aus hellem Holz und Stahl lohnt allein schon einen Besuch. Auf dem ganzen Weg eröffnen sich Ausblicke auf das offene Meer und die Küstenlinien von Stadt und Insel auf der einen und auf die knallbunten Kabinen des *skytrain*, des dritten Verkehrsweges nach Sentosa, sowie den Hafen auf der anderen Seite. Das erste, was ich auf Sentosa erblicke, ist ein Schloss, wie aus gigantischen Legosteinen erbaut, mit Turm und Zinnenkranz und allem, was zu einem Märchenschloss dazugehört. Sentosa ist Singapurs Antwort auf Disneyland. Es gibt dort Strand und Meer und mehrere Badehotels. Die Hauptattraktion ist aber nicht die Natur, vielmehr sind es die Themenparks und Shows. Weil in Singapur auch Vergnügungsparks eine didaktische Ader haben, gibt es viel *Edutainment*. Spielerisch und farbenfroh kommt die Geschichte des Inselstaats in *Images of Singapore* daher. Die Multimediashow *Songs of the Sea* mit Feuerwerk und Wasserkaskaden erzählt vom Leben im Meer und den Legenden, die sich um die Insel ranken. Ein Weg durch die Baumkronen belehrt über Fauna und Flora. *Sentosa 4 D Magix*, eine Geisterbahn mit Piratenthema, ein Aquarium und allerlei Sportangebote wie der *FlowRider*, das Surfen auf künstlich erzeugten Wellen, vervollständigen das Wochenendvergnügen. Über allem wacht eine vergrößerte Replik des Merlion, des Wahrzeichens von Singapur, und das Schloss kann man auch als Schlüsselanhänger mitnehmen.

Eigentlich ist die ganze Insel ein großer Themenpark. Seit einem Jahr ist es auch ein Spielkasino, seit die Regierung das Jahrzehnte herrschende Kasinoverbot aufgehoben hat. Zusammen mit ein paar kleineren Nachbarinseln wird es von *Resort World Sentosa* betrieben.

2011 erwuchs dem singapurischen Unternehmen mächtige Konkurrenz. Der amerikanische Kasino-Gigant Las Vegas Sands fügte seinem Portfolio eine wahre Perle hinzu: Marina Bay Sands. Das eindrucksvolle Ensemble der drei Hochhäuser mit dem Raumschiff an der Marina Bay ist nämlich vor allem eines: ein großes Spielkasino. Auf seinen vier Etagen finden bis zu 15.000 Spieler an den 600 Roulette- und Kartenspieltischen und den 2.300 Spielautomaten Platz. Der Besucher versinkt fast in den dicken Teppichen, und ein als *smart casual* bezeichneter Kleidungscode wird strikt eingehalten. Singapurs liebste Fußbekleidung, die Flipflops, muss draußen bleiben. Man gibt sich weltläufig. Eine Etage ist eigens besonders betuchten Spielern als Vip-Zone vorbehalten.

Ich selbst habe dort noch nicht meine Euros oder Singapur Dollars gelassen, obwohl mich niemand gehindert hätte. Als Ausländerin habe ich freien Zugang. Nicht so ein singapurischer Bürger. Er muss 100 S$ Eintrittsgebühr bezahlen. Nicht nur Las Vegas Sands, auch der singapurische Staat verdient nicht schlecht am neuen Kasino. Das ist nicht ohne Kritik geblieben. Viele befürchten, dass noch mehr Singapurer sich in Schulden stürzen könnten, wenn die Verlockungen so groß und so nahe sind. Sie müssen nun nicht mehr über die Grenze nach Malaysia ins Kasino von Johor. Das ist so unbegründet nicht. *Wir sind Spieler*, sagt Henry Wong zu mir, obwohl der fürsorgliche Familienvater alles andere als eine Spielernatur zu sein scheint. Es gibt Kasino-Ausschluss-Regelungen für Spielbesessene und einen Ratgeber für Ärzte, die mit Spielsüchtigen zu tun haben. Auf der Straße drückt ein Mitarbeiter der Kasinoaufsichtsbehörde den Passanten einen Fächer mit einer Warnung vor Spielsucht in die Hand. Angesichts der sagenhaften Gewinne, die Marina Bay Sands mit den Spielern macht, ist eine heftige Debatte über die Schattenseite der neuen Steuereinnahmequelle entstanden. Ein britisches Forschungsinstitut hat herausgefunden, dass Singapurer mit ihren Spielschulden an die zweite Stelle weltweit gerückt sind, mit durchschnittlich 822 Euro pro

Kopf und Jahr. Diesen traurigen Rekord will man nicht auf sich sitzen lassen.

Wer die 100 S$ Eintrittsgeld für Marina Bay Sands nicht hat, findet in der Stadt den einen oder anderen Spielklub, auf den ein diskretes Schild hinweist. Nirgendwo habe ich täglich solche Schlangen an Wett- und Lotterieannahmestellen gesehen wie in Singapur. Auch in Sportclubs stehen Spielautomaten, und das Rad der Fortuna dreht sich selbst im Tempel.

Doch Marina Bay Sands fügt dem Ganzen mit seiner schieren Größe und seiner Attraktivität eine neue Dimension hinzu. Der britische Economist brachte es im Februar 2011 auf den Punkt:

Es gibt kein narrensicheres Businessmodell, aber dies kommt nahe: Man finde eine Gegend, in der Kasinos weitgehend verbannt waren, deren große und aufstrebende Bevölkerung aber wie verrückt spielt. Dann baue man ein Kasino. Genau das hat Singapur mit voraussehbaren Ergebnissen getan. Seit der Eröffnung im letzten April ist das Marina Bay Sands Casino vermutlich das profitabelste der Welt geworden.

Das Hotel, die Sky-Bar, das Einkaufszentrum, das ArtScience Museum und die zahlreichen Restaurants mögen mehr ins Auge fallen, aber 85-90% der Einnahmen des gesamten Komplexes kommen vom Spielen. In den ersten acht Monaten von 2011 hat das Casino laut dem Präsidenten der amerikanischen Glücksspiel-Gesellschaft 5.1 Milliarden US Dollar eingebracht. Singapur ist wieder einmal Weltspitze. Es wird wohl schon in diesem Jahr Las Vegas als Spielerparadies hinter sich lassen. Gleichzeitig mehren sich in Chatrooms und Leserbriefspalten kritische Stimmen und Hilferufe von süchtigen Spielern und deren Familien. Firmen beklagen sich, dass ihre Arbeiter während der Arbeitszeit verschwinden, um zu spielen oder dass sie sich Geld borgen. Geldverleih-Haie scheuen nicht davor zurück, selbst Schulkinder als Werber anzuheuern. Das Gremium zur Überwachung des Glückspiels ist in Alarmbereitschaft. Das Ganze mutet im *Nanny State* etwas schizophren an.

Wenn man abends an der Esplanade oder an den Kais des Singapore River spazieren geht, kann man dagegen eine Stadt genießen, die in ihrer Lichterfülle und im bunten Glanz ihrer Skyline bezaubert. Von der Spitze des Marina Bay Sands tasten Lichtfinger den Himmel ab, die Lotusblüte des Museums leuchtet weiß, die Tropenfrucht des Esplanade Theaters golden, die Brücke über die Bay und die Einfahrt zum Fluss abwechselnd in allen Regenbogenfarben. Auf den Mauern der Promenade vor dem Theater sitzen junge Paare und Familien mit ihrem Picknick. Im Freilichtauditorium gibt es eine kostenlose Stegreifkomödie. Die Restaurants und Bars in den restaurierten *shophouses* und *godowns,* den alten Lagerhäusern, unter den haushohen Schirmen am Clarke Quay brummen von Leben. Das Las Vegas am Meer zeigt sich von seiner berückendsten Seite.

Man muss nicht viel Geld ausgeben an einem solchen Abend. Es ist sicher eine der größten Stärken dieses Gemeinwesens, den öffentlichen Raum für jedermann attraktiv zu gestalten. Die berühmte Lebensqualität, hier scheint sie eingelöst zu sein.

Shopping-Paradiese

Wer Einkaufen für ein notwendiges Übel hält, das man so schnell wie möglich hinter sich bringt, kann sich in Singapur eines anderen belehren lassen. Hier ist Einkaufen eine Freizeitgestaltung, die man offen und fröhlich auslebt. Kaum ein Singapurer würde entschuldigend murmeln, er brauche dies oder jenes dringend und vorgeben, eigentlich lieber ins Theater zu gehen oder ein Buch zu lesen. Einkaufen ist legitim. Es macht Spaß und kurbelt die Wirtschaft an. Selbst Einkaufsorgien werden eher verständnisvoll belächelt als kritisiert.

Zwei Monate lang, von Ende Mai bis Ende Juli, gibt es alljährlich den *Great Singapore Sale*. Er kommt in Großbuchstaben daher, hat eine eigene Internetseite mit *special events* für Einheimische und Touristen und ist wirklich *Great*. Einkaufen scheint dann fast eine nationale Pflicht zu sein. Das Anzeigen- und Offertenbombardement steigert sich wenn möglich noch. Das Alte muss raus, um dem Neuen Platz zu machen, und Singapurer sind im Zweifel immer für das Neue. Wer wollte auch daran schuld sein, dass es mit der florierenden Wirtschaft, deren Segnungen doch alle genießen, bergab gehen könnte. Nicht dass es im Rest des Jahres still wäre an der Einkaufsfront. Täglich sind die Zeitungen voll von ganzseitigen Anzeigen, nicht nur von einzelnen Geschäften, sondern auch von ganzen Einkaufszentren, den *malls,* die mit Rabatten, nach dem Muster *kaufe drei, eins gibt's frei* oder mit *events* werben. Als kürzlich der erste H&M-Laden aufmachte, verbrachte eine kleine Hundertschaft von Frauen und auch einigen Männern, die Nacht vor den Schaufenstern, um die Eröffnung nicht zu verpassen.

Die besseren *malls* sehen sich als Kulturträger. In der Ion Mall gibt es eine Kunstgalerie, in der Tanglin Mall eine ständige Ausstellung von asiatischen Antiquitäten. In Vivo City am Hafen und Raffles Place im CBD werden zum Chinesischen Neujahr Tanzvorführungen und Kunsthandwerk aus China geboten. Jede *mall* lässt zu allen chinesischen Festen die Löwen oder die Drachen tanzen.

Zu finden sind fast alle teureren *malls* an der Orchard Road, nahe dem alten kolonialen Zentrum. Auch wer Einkaufen nicht zu seinen Lieblingsbeschäftigungen zählt, sollte sich die Fifth Avenue von Singapur nicht entgehen lassen. Vor der Hitze kann man in die klimatisierten *malls* entfliehen, und auch draußen ist es erträglich, denn die Straße ist baumbeschattet, und die meisten *malls* haben überdachte Gänge vor den Auslagen. An Cafés und Restaurants, um sich zwischendurch zu erholen, ist kein Mangel. Auch eine Fußmassage, die überall zu haben ist, hilft. Belohnt wird man mit den raffiniertesten Schaufensterdekorationen und mit menschelndem Sightseeing.

Ich werde nie müde, mir den Menschenstrom anzuschauen, von oft etwas großrahmigen, durch die Hitze leicht derangierten westlichen Touristen über entschlossen in der Gruppe marschierende Shopper aus China bis zu den zarten, bleichen Püppchen im eleganten, am liebsten schwarzen Minikleid und den schlanken, jungen Männern im Business-Dress aus Singapur selbst. Man braucht auch die Boutiquen bekannter französischer und italienischer Marken wie Yves Saint Laurent, Hermès oder Prada nicht in vornehm verborgenen Winkeln zu suchen. Hier sind sie so groß wie bei uns Kaufhof oder Karstadt. Selbst Schmuck wird in Geschäften wie Bulgari gleich über ganze Etagen präsentiert. An einem anderen shopping Brennpunkt, der Marina Bay Promenade, eröffnete Louis Vuitton unlängst ein ganzes *maison.* Der dreigeschossige Glaskasten ragt schräg wie der Bug eines Luxusdampfers in die Bucht hinein und bietet neben den sündhaft teuren Handtaschen noch vieles Schöne, Teure und Überflüssige mehr. Die frohe Kunde vom neuen Laden, dem dritten der Pariser Edelmarke in Singapur, erschien in der Zeitung unter Kultur. Einkaufen ist schließlich ein Kulturbeitrag auf singapurisch. Und es hilft der gestressten Großstadtpsyche. Die Werbung mit *Einkaufstherapie* ist für Singapurer kein Witz. Nur Künstler können darüber lachen. Sie haben die Gänge des Esplanade-Theaters mit Einkaufssymbolen bedeckt *Wenn nicht jetzt kaufen, später keine Chance, lah,* mahnt ein Anzugträger in schönstem *Singlish* mit erhobenem Zeigefinger.

Die schiere Masse des ausgestellten Luxus lässt im europäischen Besucher das unbehagliche Gefühl aufkommen, dass wir nicht mehr so ganz mitspielen. Die Kaufkraft jedenfalls liegt heute eindeutig in Asien, wenn auch die Modelle noch größtenteils aus der alten Welt kommen. Aus Deutschland können immerhin Hugo Boss und Escada auf der Angebotsseite noch mithalten.

Auch Singapurer kaufen aber nicht täglich auf der Orchard Road ein. An weiteren, preiswerteren Shopping-Paradiesen mangelt es keineswegs. Allen größeren MRT-Stationen und allen Busbahnhöfen ist ein *shopping centre* angeschlossen. Oft ist es so weitläufig, dass man die Orientierung verlieren kann und schließlich ganz woanders herauskommt, als man ursprünglich vorhatte oder viel später, denn da gab es doch diese einmalig günstige Handtasche, die man sich unbedingt noch ansehen musste. Auch der Esplanade-Theaterkomplex macht keine Ausnahme. Wer an der MRT-Station Esplanade aussteigt, sollte noch mit zehn Minuten Fußweg durch die unterirdischen *malls* rechnen. *Schuhe machen mich glücklich. Ich bin oberflächlich. Was soll' s,* bekennt freimütig eine

Reklameschönheit im Schaufenster eines Schuhgeschäfts.

Als an meinem Netbook etwas nicht in Ordnung ist, raten Freunde mir, zum Sim Lim Square zu gehen. Der *Square*, ist kein Platz, sondern eine *mall*, die einen ganzen Block im Zentrum einnimmt. Sie ist prallvoll mit einem Elektronik-Geschäft am anderen, sicher Hunderte kleinerer und größerer Läden. Schließlich finde ich drei junge Inder, die sich meines Problems annehmen. Ich kann sogar auf das Ergebnis warten. Währenddessen sehe ich mir im *Square* die unendlichen Reihen mit Auslagen von Smart Phones an. Überall ist das I-Phone verbreitet, aber Singapore wirkt wie ein Testfeld für Apple. In MRT und Bus ist kaum jemand ohne sein I-Phone oder sein I-Pad. Einige telefonieren, die meisten spielen. Im Aufzug eines Kaufhauses fährt mit mir eine Familie mit einem kleinen Mädchen im Kinderwagen. Es hat eine Kinderversion eines Pads auf dem Schoss und übt ein paar englische Wörter. Nur der pränatale Gebrauch der neusten Elektronik für Kinder scheint noch nicht erfunden zu sein.

Dafür gibt es eine andere segensreiche Einrichtung für leidenschaftliche Shopper, die eine spezielle Erfindung Singapurs zu sein scheint, den Mietschrank. Passt das siebente kleine Schwarze partout nicht mehr in Ihren Schrank? Kein Problem. Schon für 70 S$ im Monat gibt es ein Plätzchen in einem Mietschrank im Lock + Store Centre. Wer so viele Schuhe hat wie einst Imelda Marcos muss allerdings 1.000 S$ hinlegen.

Zum kurzweiligen und meist recht preiswerten Zeitvertreib wird das Einkaufen in den ethnisch geprägten Vierteln von Singapur mit ihren *shophouses* und farbigen Märkten. Hier versorgen sich keineswegs nur Touristen mit Andenken. Sie dienen vor allem der einheimischen Bevölkerung, wenn es um traditionelle Kleidung, Schmuck, religiöse Artikel, Naturmedizin und Essen geht.

Ein ganz besonderer Platz für alles Chinesische ist das Kaufhaus Yue Hwa an der Kreuzung von Eu Tong Sen Street und Cross Road nahe der MRT-Station Chinatown. In einem für Singapur alten Gebäude von 1900 kann man hier auf fünf Etagen so viele Cheongsams, Jadeskulpturen, Glücksbringer, Lackdosen, blau-weiße Porzellanhocker und Teeservice anschauen oder gar kaufen wie das Herz begehrt. 45 Jahre besteht Yue Hwa schon, auch das ein Rekord im schnelllebigen Singapur. Ich schaue mich mit chinesischen Freunden in der Abteilung für chinesischen Tee um und weiß nicht, was ich mehr bewundern soll, die großen, sündhaft teuren, mit chinesischen Schriftzeichen bedruckten Scheiben von gepresstem, vornehm gealterten Tee oder die Verkäuferin, in ihrer bestickten rosa Seidenjacke, die uns lächelnd und geduldig alles erklärt und uns probieren lässt.

Zu Chinesisch Neujahr konnte ich nicht widerstehen und habe von einem aus Peking angereisten Meister eine Kalligraphie gekauft. Nun ging es darum, sie möglichst fachkundig und preiswert auf eine Rolle aufziehen zu lassen. Ein kleiner Laden im Bras Basah Complex an der Victoria Street wurde mir empfohlen. Ohne diesen Anlass wäre ich nie in die schon recht betagte, unscheinbare *mall* gegangen. Ein Fehler! Nie hätte ich das allerschönste Papiergeschäft mit Papieren in allen Farben, Qualitäten und Größen, mit *tjantings* für Batikmalerei und Schablonen für chinesische Schriftzeichen entdecken können und nie den Laden mit einer großen Auswahl von chinesischen Tuschpinseln und Stempeln, halb so teuer wir die in Chinatown. Der Komplex ist in der Nähe der National Library. So hatte ich auch einen Grund, in einem meiner Lieblingscafés einzukehren. Das Hanis Café in der luftigen Halle der Bibliothek ist bei den Angestellten der umliegenden Büros so beliebt, dass man zur Lunchzeit oft keinen Platz bekommt.

Als ich mich in einer der traditionellen *Medical Halls*, der Geschäfte für chinesische Naturmedizin, im Schatten der *mall* China Point umsehen will und ratlos zwischen den Bergen getrockneter Pilze, Ginsengwurzeln und allerlei Tinkturen stehe, kommt der Besitzer herbei und fragt nach dem Woher und Wohin. Ich müsse ihn unbedingt vor seinem Geschäft, das schon seit 1957 bestehe, fotografieren, darauf besteht er und rückt noch schnell seine goldene Uhr ins Bild. So gehe ich ohne Ginseng aber mit einem schönen Foto von einem echten chinesischen Geschäftsmanns von dannen.

In einen wahren Kaufrausch verfiel ich bei Mui Fair Trading. Der Laden im weniger fashionablen Teil von Chinatown in einem HDB Block an der South Bridge / Ecke Cross Road hat einfach alles, von chinesischem Porzellan über Drahtbürsten zu Reiskochern. In einer Ecke steht eine altmodische, tiefrote Thermoskanne mit rosa Rosen. Dieses kitschige, aber funktionstüchtige Ungetüm aus der Volksrepublik darf in keinem chinesischen Film als Requisit fehlen. Ein echter Fund ist der Korb, dessen Inneres eine in blumigen Stoff gebettete Teekanne mit zwei Tassen für das chinesische Picknick birgt. Besitzerin Lee Gek Hoong steht in ihrem Kramladen, den sie vom Vater übernommen hat, seit mehr als 40 Jahren. Nun macht sie dicht, weil ihr Sohn nicht weitermachen will. Mui Fair Trading wird es bald nicht mehr geben, wie so viele alte Geschäfte in Chinatown.

Das Fremdenverkehrsamt hat kürzlich eine neue Karte mit einem *Heritage Trail*, einem Rundgang durch das malaiische Katong herausgegeben. Er beginnt im Joo Chiat Complex an der Joo Chiat Road, Ecke Changi Road. Hier geht es alles andere als museal zu. Auf den vier Etagen gibt es neben schweren Sitzgarnituren und Schränken vor allem malaiische Kleidung. Man stelle es sich nicht so einfach vor, sich als Malaiin gleichzeitig hitzegerecht, Islam konform und modisch zu kleiden. Zum Glück gibt es im Joo Chiat Complex genügend Auswahl an *baju karong*, langen zweiteiligen Gewändern mit Blumenmustern und dazu passenden Kopftüchern mit züchtig vorgezogenem Schirm, damit auch kein einziges Haar zu sehen sei. Auch die kleinen Mädchen können eingekleidet werden. Einige Läden halten die Schuluniformen islamischer Schulen vor, das einfarbige lange Gewand in zarten Farben und den meist weißen, nonnenartigen Halbschleier. Männer kleiden sich seltener traditionell. Doch in Geylang und Katong sieht man ältere Männer häufiger mit dem *songkok*, der fezartigen Kopfbedeckung, und dem langen bestickten oder gebatikten Hemd, manchmal auch Jungen, zu deren Schuluniform das *songkok* gehört. Für festliche Anlässe gibt es auch den *kain samping,* eine Art Sarong aus leichter, karierter Baumwolle, den sich der Mann unter der Jacke und über der Hose um die Hüften knotet. So kaufen im Joo Chiat Komplex ganze Familien ein.

Der Höhepunkt sind die Geschäfte mit Hochzeitsmode. Malaiische Hochzeitspaare sind für einen Tag König und Königin. Sie legen dann prächtige Trachten an, die früher dem Sultan und dem Adel vorbehalten waren. In Joo Chiat können sie sich auf weichen Teppichen und unter üppigen Kronleuchtern Seiden- und Goldstickerei-Gewänder mit passendem malaiischen Turban für den Bräutigam und zartem Chiffonschleier für die Braut aussuchen.

Ein Bad in der Menge kann man im Mustafa Centre nehmen, das von muslimischen Indern, Bangladeshis und Malaien frequentiert wird, aber auch von vielen anderen Singapurern, die gerne günstig einkaufen. Im rund um die Uhr geöffneten Mustafa Centre gibt es in den langen, engen Gängen der vier Stockwerke alles in Massen, Schuhe, Hosen, Hemden, elektronische Artikel, Berge von indischen Gewürzen und Snacks. Das Eldorado ist aber die zentrale Halle im Erdgeschoss, in die man zuerst von oben hineinschauen sollte, denn wenn man drinnen ist, verliert man im Gedränge leicht den Überblick. Eine Farbenpracht wie aus Tausend und einer Nacht tut sich auf. Stoffe in jeder erdenklichen Schattierung und jedem exotischen Muster liegen in Ballen und in aufgerollten Bahnen dicht an dicht, Stoffe für Saris, Punjabi-Anzüge und Schleier für die muslimische Inderin.

Feiner sind die Sarigeschäfte in der Serangoon Road. Hier kann man noch mehr in Gold- und Silberstickerei auf pfauenblauer, weinroter oder türkisfarbener Seide schwelgen und sich die schönsten Stücke aus den Vitrinen vorlegen lassen. Neben mir wählt bei Nalli Silk Saris an der Ecke Buffalo Road, das Filialen in allen großen indischen Städten hat, gerade eine Mutter mit Tochter einen Hochzeitssari aus. Das Stück das vor ihnen ausgebreitet liegt, ist berückend. Zartrosa mit Dunkelgrün und breiten goldenen Borten.

Indisches Kunsthandwerk, Girlanden, Hennaläden, bunten Flitterschmuck und süßes Backwerk gibt es in der Little India Arcade an der Serangoon Road. Auch hier kaufen Inder ein, aber sicher ebenso viele, vor allem westliche, Touristen.

Das Gegenstück zum Mustafa Centre für Lebensmittel ist der Tekka Market an der MRT-Station Little India. Darüber mehr, wenn wir über Essen sprechen.

Essen ist *cult*

Haben Sie schon gegessen? fragt mich die Zufallsbekanntschaft im Bus. In Singapur bedeutet das so viel wie *Geht es Ihnen gut?* Essen ist die Lieblingsbeschäftigung der Singapurer und kann nicht wichtig genug genommen werden. In den Zeitungen rangieren die täglichen Berichte über besondere Restaurants und spezielle Rezepte unter Kultur. Banken werben für Ihre Kreditkarten am liebsten mit den köstlichen Dinners, die man sich damit leisten kann. Kaum ist ein internationales *Food Festival* zu Ende, bei dem Küchenstars aus aller Welt aufgetreten sind, gibt es schon eine Woche der Regionalküche in einer der vielen *malls*.

Wer im *heartland* lebt wie ich, macht seine kulinarischen Erfahrungen größtenteils in den *Food Courts* und *Hawker Centres*, die es quasi an jeder Ecke gibt. Sie sind von morgens bis abends gut besucht. Ich frage mich oft, ob Singapurer überhaupt noch zuhause kochen. Draußen zu essen ist tägliche Gewohnheit, vom Frühstück mit halbflüssigen Eiern und Toast, begleitet von viel Sojasoße, über die leichte Mahlzeit zwischendurch mit Nudelsuppe oder *dim sum* bis zur vollen Mahlzeit für die ganze Familie. Singapurische Restaurants sind meistens geräumig und voller großer runder Tische, an den sich die ganze Familie um das *steamboat*, eine Art Fleisch- und Fischfondue mit unendlich vielen Schüsselchen, versammeln kann.

Die *Hawker Centres* sind Singapurs Antwort auf die Garküchen am Straßenrand in anderen asiatischen Ländern. Die verschwanden in Singapur in den 70ern von der Straße und zogen in die hygienischeren Hallen um. Der Kunde hat den Vorteil. Er kann auf überschaubarem Raum zwischen allerlei Spezialitätenständen wählen und ziemlich sicher sein, sich nicht den Magen zu verderben. Vom schlichten Äußeren der *Food Courts* sollte man sich nicht abschrecken lassen. Hier gibt es zwar preiswertes Essen ohne alles Chi-chi. Schon für zwei Euro kann man eine schmackhafte Schale mit Reis oder Nudeln samt ein paar Fleisch- oder Krabbenstücken essen. Die Qualität leidet aber nicht. Die Klöße fürs *dim sum* oder die Nudeln fürs *Hokkien Mee*, Nudeln mit Garnelen, sind an diesen Ständen oft noch selbst gemacht. Man kann Hokkien-, Teochew- oder Hainan-style essen, dazu malaiisch, indonesisch, japanisch, koreanisch oder nord- und südindisch. Jeder Stand spezialisiert sich auf nur ein paar Gerichte, die frisch zubereitet werden. In meinem *Food Court* um die Ecke könnte ich den ganzen Monat etwas anderes essen, ohne das Angebot auszuschöpfen, zum Beispiel die zarten Entenscheiben mit *mee* /*Nudeln*, einen Berg kleiner Muscheln mit Chilipaste und Limone, Fischklößchen in Brühe, Huhn auf Reis mit Ingwer, oder *rojak*, den indisch-singapurischen Salat mit Tofu und Erdnusssauce. Auch mit den Namen der Gerichte muss man sich nicht unbedingt abmühen, alles liegt appetitlich vor Augen oder wird auf großen Tafeln angezeigt.

Die *Hawker Centres* sind das Herz der singapurischen Gastronomie. Es gibt Führer, die jeden nennenswerten Stand nach Gerichten und Regionen getrennt bewerten und ganze Bücher über *hawker food*. Sogar eine historische Markthalle mit viel Glas und Schmiedeeisen ist zum *Hawker Centre* umfunktioniert worden. Lau Pa Sat an der Boon Tat Street lohnt schon wegen des Ambiente einen Besuch. So manche *auntie* steht seit Jahrzehnten im Dampf ihres Standes und gibt, wie Madam Khoh Hing Noey am Tanjong Pagar Plaza Market, auch mit 83 nicht auf. *Ich arbeite, weil ich die Bewegung brauche, sonst würde ich einrosten*, sagt sie und steht mit breitem Lächeln, die Hände in den Hüften, vor ihrem Tresen mit *wonton*-Klößen.

Darüber, wo es die beste Lammsuppe oder das köstlichste *bak kut teh*, Schweinerippchen in würziger Knoblauchbrühe mit Tofufritters, gibt, entbrennen heiße Diskussionen. An einigen Ständen bilden sich um die Mittagszeit Schlangen, weil man nur dort sein *nasi lemak*, seinen Reis mit Hühnerstücken und Fischpaste, essen will. Wer zu spät kommt hat das Nachsehen, dann hat *uncle* vielleicht schon alles ausverkauft. Die Ware muss ja frisch sein. Ein Freund scheute sich nicht, mit uns eine halbe Stunde zu fahren, um uns *seinen char kway teoh-hawker* mit dem allerbesten Reisnudelragout vorzuführen und drängte, dass wir rechtzeitig dorthin aufbrächen.

Ich bin auch schon angesteckt. Der Gastronomiekolumnist der Straits Times spricht mir aus dem Herzen: *Eating is just our national pastime, lah.* Es ist der beste Zweitvertreib. Meine *laksa*, Nudeln in cremiger, Chili-gewürzter Kokosnusssauce mit Garnelen, Muscheln und hartgekochtem Ei, esse ich nur bei Katong Laksa an der Ceylon-Ecke East Coast Road, denn es ist das Beste, in echt!

Selbst das nicht ganz billige Spezialgericht von Singapur, den großen roten Taschenkrebs in Chilisoße, gibt es in einigen *food courts.* Am allerbesten isst man ihn aber bei …, nun das soll noch mein Geheimnis bleiben. Soviel sei verraten, in dem auf Taschenkrebs spezialisierten Restaurant in einem HDB-Wohnviertel gibt es den roten Krebs in gleich vier Varianten, mit Chilisauce, mit Pfeffer, mit Eikruste oder in einer cremigen Buttersauce mit Nudeln. Der Diskussionsstoff am Tisch, welcher wohl der beste sei, kann also nicht ausgehen.

Essen ist in Singapur eine lustvoll-gesellige Angelegenheit. Man soll sehen und hören, dass es schmeckt. Oft sitzt die ganze Familie mit Großmutter im geblümten Hosenanzug und Kindern in Schuluniform um einen der runden Tische und schmaust gemeinsam aus Näpfen und Tiegeln in der Mitte des Tisches. Die Kunst, sich mit den Essstäbchen aus den Gemeinschaftsschüsseln zu bedienen, ohne zu kleckern, will gelernt sein.

Singapurische Hausfrauen und Köche haben *fusion* schon praktiziert, als es noch nicht Mode war. Kamen die Einwanderer doch aus den verschiedenen chinesischen Regionen mit ihren höchst unterschiedlichen Gerichten, von der malaiischen Halbinsel und vom indischen Subkontinent. So ist eine eigene singapurische Küche entstanden. Den *rojak*, der hier als indisch gilt, gibt es so in Indien nicht. Beim *laksa* scheiden sich die Geister, ob Singapur, Penang oder Malakka *laksa* die beste Variante sei. Alle drei sind aber *Peranakan*, denn die malaiisch beeinflussten Straits Chinesen haben natürlich auch eine eigene Küche hervorgebracht. In den Restaurants am Singapore River, in Chinatown, auch in Little India, bekommt man ihn mit je eigenen Akzenten: den großen Fischkopf in Currysoße. Der *fish head curry* gehört zu den Gerichten mit besonderem singapurisch-kulinarischem Stempel.

Meiner Kalligraphie-Lehrerin, frisch aus Nordchina zugezogen, ist das zuviel *fusion*. Sie sehnt sich nach den reineren chinesischen Gerichten ihrer

Heimatprovinz und isst am liebsten in der Chinapoint Mall in Chinatown. Dort sei es authentisch, versichert sie mir. Die ethnischen Viertel, Chinatown, Little India und Kampong Glam sowie Geylang, sind die Hochburgen der regionalen Küchentraditionen.

Zum chinesischen Tee verabrede ich mich am liebsten im Tea Chapter an der Neil Road in Chinatown, denn dort kann ich den Nachmittag mit dem Probieren von *pu-er-* oder *dragon well*-Tee verbringen und ab und zu ein Teeei verzehren. Wem die hundertjährigen Eier mit ihrem transparenten, grünschwarzen Inneren zu fremd sind, dem seien Teeeier empfohlen. Sie werden mehrere Stunden in starkem Tee mit einer Gewürzmischung, deren Zusammensetzung das Geheimnis jeden Teehauses ist, gekocht. Vor kurzem aus Chinatown in die trendige *mall* Vivo City umgezogen ist eine andere Institution chinesischer Kulinarik, das Imperial Herbal Restaurant. Es ist auf Gerichte, die nach den Lehren der chinesischen Naturmedizin zubereitet werden, spezialisiert, und man kann sich vor dem Bestellen von einem Arzt beraten lassen. Vivo City ist für mich etwas weit weg, so begnüge ich mich mit dem schwarzen Huhn in Kräutersud, das es in meinem *food court* gibt. Das Huhn ist tatsächlich schwarz, eine besondere Rasse, deren Fleisch, verbunden mit medizinisch wirksamen chinesischen Kräutern, besonders gesund sein soll.

Überall in Little India kann man vorzüglich und preiswert indisch essen, die südindische *banana leaf*-Küche – die meistens vegetarischen Gerichte werden auf einem Bananenblatt serviert – oder die nordindische *tandoor*-Küche mit ihrem rötlichen, im Lehmofen gegarten Fleisch. Ich würde es nie meinem Teemeister aus dem chinesischen Teehaus gestehen, aber hier runde ich das kräftig gewürzte Essen gerne mit einem indischen *masala*-Tee ab. Der süße Tee mit Milch und Gewürzen wäre für den Teemeister eine kulinarische Sünde gegen die Reinheit und den zarten Geschmack des chinesischen Tees. Alles ist möglich in Singapur, alles koexistiert fröhlich auf kleinem Raum. Sei es ein malaiisch-fürstliches Essen im Restaurant auf dem Gelände der ehemaligen *Istana*, dem Sultanspalast, oder ein par *satay*–Fleischspieße mit Erdnusssoße im Untergeschoss eines Kinokomplexes, man wird selten etwas Fades, Langweiliges serviert bekommen.

Ob man fürs Kochen einkaufen oder nur schauen will, ein Muss ist der Tekka Market an der MRT-Station Little India. Von den Bambussprößlingen, die in seinem *Hokkien*-Namen stecken, sieht man im Untergeschoss des Betonkastens nichts mehr, dafür den lebendigsten Fisch-Fleisch- Obst- und Gemüsemarkt von Singapur. Fische schillern in allen Farbschattierungen und -größen auf ihren Eisbergen, und hier entdecke ich auch das schwarze Huhn aus der Kräutersuppe an meinem *Hawker*-Stand im Rohzustand. Die Gewürzstände sind abwechselnd auf indische oder auf malaiische

Küche eingestellt, in jedem Fall voller exotischer Gerüche und Farben. Die Hausfrau kauft nichts in Tüten, alles wird frisch in der Gewürzmühle, die wie ein alter Fleischwolf aussieht, gemahlen.

Auch in den Wohnvierteln konnten sich noch einige Frischmärkte neben den Supermärkten behaupten. Dort kauft man seinen eingelegten chinesischen Senfkohl oder die zartrosa Knospen des *torch ginger*, einer Ingwerpflanze, die obwohl sehr dekorativ, nicht in die Vase gesteckt, sondern in den Topf geworfen werden. An dem Stand mit allerlei Getrocknetem riecht es streng nach Fisch. Hier gibt es die gedörrten, gesalzenen Krabben, die vielen Reisgerichten die besondere Würze geben. Flach geklopfte, ebenfalls getrocknete, kleine Tintenfische gehen als Snack mit. Nebenan kann man frische *kueh tu tu*, mit Kokos gefüllte Küchlein kaufen, die eine junge Marktfrau mit flinken Fingern zubereitet. Gegenüber leuchten messinggolden zwei große Kessel in der Sonne, dahinter einige Tische im chinesischen Design mit großen Teeschalen. Ich probiere das dunkle Gebräu. Es schmeckt gallebitter, soll aber sehr gesund sein. Die kleine Teestube verkauft nur ein Produkt, chinesischen Kräutertee in zwei Varianten, heiß oder als gesüßtes, eiskaltes Gelee.

Eines Abends fahre ich durch die Sims Avenue in Geylang und sehe alle Obststände taghell erleuchtet. Der König der Früchte ist angekommen. Es ist Durian-Saison. Auf den Regalen eine Invasion der großen, grünen, eirunden Stachelfrüchte. Die Durian, zu Deutsch Stinkfrucht, scheidet die Geister. Viele lehnen sie wegen ihres Geruchs und ihres seltsamen Geschmacks ab. So ist es nicht erlaubt, Durian in öffentlichen Verkehrsmitteln zu transportieren, erinnert ihr Geruch doch an den Käse, der die Römer in *Asterix auf Korsika* krank machte. Zuhause isst man sie am besten gleich auf oder verpackt sie hermetisch abgeschlossen. Die meisten Singapurer erwarten das Highlight der Früchtesaison ungeduldig, prüfen, wägen fachmännisch, lassen sich ein Stück herausschneiden, um sicher zu sein, dass sie cremigen Genuss kaufen. Innen enthüllt die dicke Schale wurstartige Stücke gelben, sahnigen Fruchtfleisches mit einem ganz eigenen Geschmack, der keiner anderen Frucht ähnelt, wie eine Sahnecreme mit etwas Alkohol. Man genießt sie am besten in kleinen Portionen.

Mindestens genau so köstlich ist die Königin der Früchte, die Mangosteen. In der rotbraunen Schale steckt das saftige, süß-saure Fruchtfleisch wie eine perlweiße, geschälte Knoblauchknolle. Königin und König der Tropenfrüchte sind wie *ying* und *yang*: Durian wärmt den Körper, Mangosteen kühlt ihn. Besonders hübsch anzusehen ist die Drachenfrucht mit ihrer Purpurhaut mit den grünen Spitzen und dem zartgrauen Inneren mit schwarzen Kernen, geradezu eine Designerfrucht. In der Hochsaison der Früchte hängen unter den Markisen der Obststände Bündel von stachligen rötlichen Kugeln, die man für Seeigel halten könnte. Es sind Rambutan. Mit den unscheinbareren

Longan und den Lichis geschmacklich verwandt, bergen sie im Inneren eine weiße, saftige Kugel die heraus hüpft, wenn man die Schale zusammendrückt. Nimmt man Mango, Passionsfrucht, Papaya, Jackfruit, Ananas, Sternfrucht, die wie Fichtenzapfen schuppigen braunen Kegel der Palmfrucht Salacca, Duku und die birnenartige Chiku hinzu, so bekommt man eine Ahnung von der Fülle tropischer Früchte, die Singapurs Märkte bereithalten. Wenn ich besonders erhitzt und durstig bin, hilft nur eines: der kühle Saft einer jungen Kokosnuss. Das ganze Jahr über gibt es diese Erfrischung in beinahe jedem Supermarkt. Auf Bäumen wächst im verstädterten Singapur kaum noch etwas. Freund Henry kann sich noch erinnern, wie er in Sembawang, dem Viertel im Norden, in dem er aufgewachsen ist, Rambutan vom Baum gepflückt hat. Das ist vorbei. Heute werden all diese Früchte aus den umliegenden Tropenländern, aus Malaysia, Indonesien und Thailand, importiert. Singapur macht das Beste daraus und hat sich z.B. zum Welthandelszentrum für Durian entwickelt.

Go Green

Singapur ist stolz auf seinen Flughafen, der von IATA-Piloten wiederholt als der weltbeste in Sachen Sicherheit und Funktionalität gewählt wurde. Den Reisenden empfangen in den Hallen großzügigen Arrangements von Orchideen und viel tropisches Grün. So geht es draußen weiter. In die Stadt fährt man quasi durch einen Park. Rechterhand stehen die hohen Fächer der Reisenden-Palmen Wache. Linkerhand begleitet uns der East Coast Park mit seinen graziösen Schirmakazien, und in der Mitte säumen rosa blühende Bougainvillea-Sträucher den Weg.

Die Anfahrt stimmt auf die *Garden City* ein. Wohl kaum eine Großstadt trägt diesen Beinamen mit mehr Recht als Singapur. Laut der Naturpark-Behörde nehmen Naturparks und Grünanlagen fast 50% der Fläche ein. Ein eigener Garden City Fonds sorgt für die Finanzierung von 50 Park- und Gartenanlangen sowie vier ausgedehnten Naturparks und *Park Connectors*, grünen Schneisen durch die Wohnviertel, die Parks und Grünanlagen miteinander verbinden. Wanderfreudige könnten 150 Kilometer lang durchs Grüne unterwegs sein. In nicht allzu ferner Zukunft sollen quer durch die ganze Insel alle Grünanlagen miteinander in einem Netzwerk verbunden sein.

Die Verheißung, das letzte Stück primären Regenwalds zu entdecken, brachte mich auf meiner ersten Parkerkundung zur Bukit Timah Nature Reserve. Auch wenn man hier nicht im Dickicht verloren gehen kann, vermittelt der Park doch echtes Dschungelgefühl. Unter den Urwaldriesen, die kaum Sonne durchlassen, zu wandern, auf dem *tree top walk* in die Baumkronen zu klettern, ist ein besonderes Erlebnis. Bukit Timah heißt auf Malaiisch Zinnhügel und verweist auf die Zinnminen die es hier einmal gab. Das ist Geschichte. Geblieben ist ein Stück gezähmte Wildnis.

Mit ganzen 164 Metern ist Bukit Timah die höchste Erhebung Singapurs. Den besseren Überblick hat man aber von Mount Faber oberhalb des Keppel Harbour. Steil erhebt sich der grüne Bergkegel mitten aus der City. Von der *Jewel Box*, dem Startpunkt der Seilbahn nach Sentosa, ist die Aussicht auf die Komposition aus massiven Hochhauskomplexen, bewaldeter Küstenlinie und übers Meer verstreuten Inseln atemberaubend. Am Abhang koexistieren malaiische Legenden und Straits Chinese-Geschichte in unmittelbarer Nachbarschaft. Eine in der königlichen Farbe Gelb angestrichene, steile Treppe windet sich auf einer Seite der Mount Faber Road den Hügel hinauf. Pilger haben die Geländer mit bunten Bändern geschmückt. Mit Puteri Radin Mas, die oben ihren Schrein hat, verehren sie ein Stück malaiische, legendenhafte Vergangenheit. Die schöne javanische Prinzessin war einst nach Singapur geflohen, um den Nachstellungen ihres Onkels, des Sultans zu entgehen. Sie lebte und starb hier am Hügel, von dem aus sie den Blick in ihre ferne Heimat übers Meer richten konnte.

Wie Radin Mas sind auch einige Nachkommen von Tan Tock Seng aus dem Tan-Clan von Ferne gekommen, um 2011 das hundertjährige Bestehen ihres Familiensitzes an Mount Faber zu feiern. Das Bell Mansion im Historismus-Stil mit rundem Glockenturm hat der Großvater der jüngeren Tans einst im Angedenken an seinen Urgroßvater gebaut. Der wohlhabende Kaufmann und Philanthrop war einer der *Straits Chinese* Pioniere in Singapurs Frühzeit. Eines der größten Hospitäler wurde vom Ahnherrn gestiftet und trägt noch heute, 160 Jahre später, seien Namen. Das Herrenhaus ist längst verkauft und dient jetzt als dänische Seemannsmission, aber verändert werden darf es nicht, denn es gehört zum nationalen Denkmalsbestand.

Bevor ich nach Changi umzog, wohnte ich im Bezirk Upper Thomson in der 19. Etage. Für mehr Bodenhaftung brauchte ich nur über die Straße zu gehen und war in fünf Minuten im Lower Peirce Reservoir Park. Dort meint man, an einem natürlichen Urwaldsee spazieren zu gehen, so geschickt ist das Wasserrückhaltebecken in die

Landschaft eingepasst. Die Horde Makake-Affen, die mir über den Weg lief, ist jedenfalls echt.

Dieser stimmungsvolle Park verdankt sich mit inzwischen sechzehn weiteren Wasser-Anlagen Singapurs umweltbewusster Politik der Nachhaltigkeit. Seit Jahrzehnten arbeitet man daran, Singapur in puncto Wasserversorgung autark zu machen. Bisher wird noch Wasser von Malaysia bezogen. Mit Reservoirs, Wasserentsalzungsanlagen und Reinigung von Brauchwasser hat man es schon auf 60% des Wasserbedarfs gebracht. Trinkwasserqualität hat Singapurs Wasser allemal, keine Selbstverständlichkeit in einem tropischen Land.

Der neuste und technisch ehrgeizigste Baustein ist Marina Barrage. Eine Kombination aus Schleuse und Pumpen, schließt sie Marina Bay, den Marina Channel und damit die Bucht an der Mündung des Singapore River in der Innenstadt sowie das Kallang Basin, in das Geylang- und Kallang River fließen, vom Salzwasser des südchinesischen Meers ab. Die Barrage soll gleichzeitig dazu dienen, bei starkem Regenfall Regenwasser ins Meer zu leiten, um Überschwemmungen in der Stadt vorzubeugen. Als ich mich dort umschaue, flattern bunte Drachen durch die Luft. Eine fröhliche Menge lagert am Drachensteige-Tag auf dem Deck des Informationspavillons. Der ist alles andere als ein schlichtes Häuschen, vollgepfropft mit trockenen technischen Details. Eine elegante, mit Rasen belegte Spirale schwingt sich vielmehr vom

Eingangshof zum Dach des Glaspavillons hinauf. Von oben hat man einen Rundumblick auf die offene See, die Technik der Barrage und die Stadtsilhouette jenseits der Bucht. Um die ständige Wasser-Ausstellung in der *Sustainable Singapore Gallery* würde jeder Ausstellungsmacher die singapurische Wasserbehörde beneiden. Die interaktive Schau ist nicht nur schön anzusehen, sie informiert auch umfassend. Der publikumsfreundliche Aufwand, der auch in allen anderen Wasserparks und renaturierten Feuchtgebieten getrieben wird, zusammen mit einem nach Verbrauch gestaffelten Wasserpreis, hat Früchte getragen. In den letzten acht Jahren ist der Wasserverbrauch der Haushalte um 7% zurückgegangen. Bis 2030 will man 15% schaffen. Sein Wasser- und Abfallmanagement hat Singapur 2007 einen internationalen Umweltpreis eingetragen.

International geben sich auch die Drachenbootrennen am Kallang Becken und auf dem See des Bedok Reservoirs im Osten der Stadt. Wer dort wohnt, hat einmal im Jahr einen Logenplatz bei einem Höhepunkt in Singapurs Sportveranstaltungskalender.

Mit der LRT, der futuristisch anmutenden Magnetbahn, schwebe ich am brandneuen *boardwalk* des jüngsten Wasserparks ein. Die Ufer um die Schleuse am Unterlauf des Flüsschens Serangoon in Punggol wurden zu einem Naherholungspark für die Bewohner der massiven HDB-Komplexe in diesem Nordzipfel der Stadt umfunktioniert. So tummeln sich schon in der ersten Woche nach der Einweihung Familien mit Kindern auf den Aussichtsterrassen und der Fitnesstrecke, Jogger mit Kilometerzähler am Handgelenk und Musik ins Ohr gestöpselt auf den lauffreundlichen Holzplanken und Wanderer im Lorong Halus Wetland, das man über eine alte, restaurierte Brücke erreicht. Es wäre nicht Singapur, wenn sich nicht auch einige Restaurants fänden, die passend zum Wasserthema allerlei Fischgerichte mit Flussblick anbieten. Die speisen sich hoffentlich nicht aus den Wasserbecken, an denen Hobbyangler stehen und die kleinen Fische, die sie angeln, sogleich wieder hineinwerfen. Der Tilapia, den ich dann auf dem Teller habe, ist aber so frisch und schmackhaft, dass ich kein Fisch-Recycling befürchten muss.

Umweltmanagement macht nicht beim Wasser halt. Ein Index, der Biodiversität von Städten bewertet und in Singapur entwickelt wurde, ist von anderen Ländern als Standard angenommen worden. Luftverschmutzung ist in dieser Fünf-Millionen-Einwohner-Metropole so gut wie unbekannt, obwohl es eine petrochemische Industrie gibt. Staubwischen muss ich hier nur sehr selten. Das viele Grün hält die Luft rein. Wer ein Auto kauft, muss eine hohe Abgabe allein für dessen Erwerb bezahlen und mehr, wenn er zu Stoß-zeiten in die Stadt fährt. Auch das Taxifahren ist dann teurer. Das hält, verbunden mit dem vorzüglichen öffentlichen Verkehrsnetz, die Automenge in Zaum.

Hygiene wird großgeschrieben. Jeden Freitag fährt ein Wagen durch meine üppig grüne Wohnanlage und verteilt Mückenspray. Als sich im letzten Sommer in einigen Bezirken Cluster von brütenden Mücken bildeten, die das Dengue-Fieber übertragen, startete man sofort eine Großaktion zu deren Vernichtung. Es gibt finanzielle Anreize für den Grünanteil von Wohn- und Bürokomplexen, und ein Ausschuss für Grünes Bauen berät die Bauherren. Man will nun noch einen Schritt weitergehen und aus der *Garden City* eine *City in the Garden* machen. Noch mehr Grün soll an den Arbeitsplatz und den Wohnort kommen. Ein Ideenwettbewerb hat schon unkonventionelle Vorschläge gezeitigt, wie etwa, Gärten unter den Autobahn- und Fußgängerbrücken und entlang ungenutzter Bahngleise anzulegen. Eines ist sicher, Singapurs Zukunft wird noch grüner.

An einem Sonntag bin ich zu einer Gartenführung in der National Library verabredet. Ich frage mich, ob ich etwas missverstanden habe, denn wo ist der Garten hier mitten in der Stadt? Ein paar andere Gartenenthusiasten warten aber schon. Wir müssen gar nicht weg aus der Bibliothek, denn in dem zwölfstöckigen Gebäude verbergen sich vierzehn Gärten, auf Terrassen, in Innenhöfen, Dächern und rund um die große, offene Halle im Erdgeschoss. 30% der Fläche nehmen die Pflanzen ein und helfen, in dem Glasbau Energie zu sparen.

Wir bekommen eine lange Liste aller Blumen, Büsche, Bäume und sogar Kräuter, die in diesem Biotop vorhanden sind, mit botanischen, englischen und chinesischen oder malaiischen Namen. Zu jeder Pflanze weiß die Führerin eine Geschichte. So lerne ich, für welche Gerichte ich Lotusblüten verwenden kann, dass die Blumenketten der Inderinnen aus der jasminähnlichen Windmühlenblüte geflochten werden, wo man heute noch Betelnüsse kaufen kann und welche Blumen auf den singapurischen Münzen abgebildet sind. Ich melde mich gleich für die Führung über die Straßenbäume an. Auch wenn sie erst in ein paar Monaten stattfinden wird, die Bäume sind dann sicher noch alle da. Im gründlichen Singapur hat jeder Baum im öffentlichen Raum einen Mikrochip, und ohne Genehmigung darf kein Baum in Privatbesitz gefällt werden. Dabei hilft sicher die buddhistische Vorstellung, dass alte Bäume verehrungswürdig seien.

Wenn man mit den Gärten nicht mehr in die Breite gehen kann, dann eben in die Höhe. Das neue Gebäude der School of the Arts (Sotas) ist von hängenden Gärten bedeckt, die Nanyang Art School hat ein vollständig begrüntes Dach und auch auf den Dächern von rund 650 Wohnkomplexen blühen Gärten. Auf Hochhäusern ganze Palmenhaine zu erblicken, ist keine Seltenheit. Die schönsten Dachgärten werden jedes Jahr mit dem *Skyrise Greenery Award* ausgezeichnet.

Manches städtische Gartenamt in unseren Breiten würde wohl vor Neid erblassen. 21.000 Beschäftige kümmern sich täglich um das Grün des Stadtstaats. In den Tropen muss man zwar weniger wässern, aber mehr schneiden und ausputzen, denn alles wächst zum Zusehen.

Als ich neu in Singapur war, geriet mein erster Besuch im Blumenladen zur wahren Kauforgie. Ich traute meinen Augen nicht. Da standen Vasen voller Orchideen in allen Edelsteinfarben als Schnittblumen. Sie wurden nicht einzeln, sorgfältig in Cellophan eingehüllt, sondern in großen Bündeln verkauft, wie bei uns Sommerblumensträuße. Wochenlang glich meine Wohnung einem auf Orchideen spezialisierten Gewächshaus. Inzwischen verstehe ich Maß zu halten, aber die Bewunderung und Liebe der Nordländerin für diese tropischen Exoten ist geblieben. Reiche Nahrung bekommt sie im National Orchid Garden, der Teil des Botanischen Gartens ist. Meisterhaft sind dort die 20.000 Orchideen zu einer farbenprächtigen, formeneichen Gartenlandschaft komponiert. Einzelne schmetterlingsgleiche Schönheiten wechseln sich mit großen Tuffs ab. Zarte grüne Blütenrispen scheinen aus Büscheln tiefpurpurner Frauenschuh-förmiger Blumen aufzusteigen. Weiße Schalen schweben über dunklem Grün, und ein Bogen aus gelben und orangefarbenen Blüten fängt das Sonnenlicht ein. 2011 richtete Singapur den Weltkongress der Orchideenspezialisten aus. Kaum vorstellbare 50.000 Orchideen waren zu sehen.

Der Botanische Garten Singapurs ist einer der schönsten, die ich gesehen habe. Wer Ingwer bisher nur als süß-scharfe Würze für asiatische Gerichte kannte, sollte nicht den *Ginger Garden* versäumen. Aufrecht zwischen ihren Schwertblättern wachsen die Rispen tiefroten, rosa und weißen Ingwers an den Gartenwegen. Ein *boardwalk* führt ein Stück weit ins feuchte Dunkel scheinbar undurchdringlichen Dschungels. Auf einer Lichtung überspannt der Schirm eines alten Regenbaums aus der Sammlung historischer Bäume fast den ganzen Rasen. In der Pergola mit Kletterpflanzen entdecke ich eine Blüte, die ich bisher nur aus Büchern kannte. Die krallenartigen Dolden des Jade-Weins mit ihrem fast unwirklichen Türkis, eine in der Natur sehr seltene Farbe, hängen mir fast ins Gesicht.

Die Singapurer scheinen die Gartenlust von ihren früheren Kolonialherren übernommen zu haben. Alle typisch englischen Grünanlagen haben sich erhalten. Mitten in der Stadt ist der *Padang* weiterhin Cricketrasen. Auf der Thomson Road fährt man am weitläufigen Grün des Poloplatzes vorbei, und die Country Clubs und Golfplätze sind in smaragdene Grünflächen eingebettet. Der Park des kolonialen Fort Canning ist Schauplatz von Open Air-Theater. So kann ich die Singapurer Version von Shakespeares Richard III mit ähnlichen Aufführungen an anderen Commonwealth-Orten wie Kapstadt oder Melbourne vergleichen und wie dort mit den anderen Besuchern auf dem

Theaterrasen mit kaltem Huhn und Weißwein picknicken.

Gepicknickt wird überall. Am Wochenende sitzen indische Großfamilien unter den Bäumen des East Coast Park und packen ihren Biryani-Reis und das Hühnercurry aus. Dieser Park erstreckt sich fast über die gesamte Länge der Ostküste und bietet jedem etwas. Auf geliehenen Fahrrädern sausen Väter mit den Kindern im Schlepptau vorbei, weiter hinten wird im Meer gebadet. Unter den Blütenzweigen des Bougainvillea-Gartens fotografiert eine Gruppe malaiischer Mädchen einander. Am Seafood Centre in der Mitte des Parks wählen die Haushaltungsvorstände mit gravitätischer Bedächtigkeit lebende Taschenkrebse fürs Lunch aus.

Entsprechend der chinesischen Vorstellung, dass Tiere vor allem zum Aufessen da seien, darf man in der Froschfarm im westlichen Vorort Kranji keinen Froschzoo erwarten. In den Wasserbecken hüpfen vielmehr dicht gedrängt Ochsenfrösche herum, die für den Verkauf an chinesische Restaurants gezüchtet werden. Beim Nachbarn gibt es Ziegenmilch von Tieren, die in ihren engen Ställen eher ein Jammerdasein führen. Eine Hand voll Farmen hat sich in den letzten Jahren in diesem Außenbezirk nahe dem malaiischen Festland angesiedelt und will die mit den *kampongs* fast verschwundene Landwirtschaft wiederbeleben. Auch eine Farm mit Biogemüse ist darunter. Mehr als bescheidene Anfänge sind es nicht. Der

Hunger der Millionenstadt wird weiterhin mit Importen aus aller Welt gestillt.

In Sachen Landwirtschaft wird Singapur kaum Modell stehen können. Doch ein Mekka ist es für Gartendesign in Räumen städtischer Verdichtung. Die Zukunft hat schon begonnen. Wenn man auf dem Eastern Parkway in die Stadt fährt, erblickt man vor dem Hintergrund der Marina Bay eine Gruppe hoch in den Himmel aufragender Bäume aus nach oben auskragenden Stahlrohren. Diese zugleich riesigen und zarten Gebilde sind Teil der *Gardens by the Bay*.

Das selbst für an Superlative gewöhnte Singapurer ungewöhnliche Projekt soll nach fünfjähriger Bauzeit Mitte 2012 fertig werden. Passioniert spricht Tan Kiat Wee, der Direktor der Botanischen Gärten und Schöpfer des neuen Großprojekts, von seiner *Arche Noah* für Pflanzen. In zwei gigantischen, eirunden Glashäusern, die schon weitgehend fertig sind, will er seinen Singapurern eine Art botanischen Zoo hinstellen, für eine Milliarde S$. Sie sollen Pflanzen aus anderen Klimaregionen in quasi natürlicher Umgebung kennenlernen, und das im Großformat. Ein Gewächshaus wird Pflanzen aus der mediterranen und der subtropischen Klimazone vereinen, der andere Glaspavillon solche aus den Nebelwaldregionen der Erde. Dafür kauft Mr.Tan seit Jahren auf Pflanzenauktionen und aufgelassenen Grundstücken der ganzen Welt ein. Ein 1.000 Jahre alter Olivenbaum aus Spanien ist der neueste Ankömmmling, der gerade vom Kran geladen wird. Er kommt neben einen afrikanischen Baobab zu stehen. Unter den Erwerbungen sind Bäume von fünfzehn bis zwanzig Metern Höhe. Entlang der Straßen rund um die Baustelle und unter der Autobahnbrücke stehen die Neuankömmlinge und warten auf ihren Einsatz, eine Baumschule für Riesen. Um die futuristisch aufragenden Stahlpilze sollen sich später Rankpflanzen schlingen, so dass sie fast wie echte Bäume aussehen werden. Mr. Tan versteht den Garten als Spiegel der multiethnischen Gesellschaft Singapurs. Er ist der festen Überzeugung, dass grüne Oasen in der Stadt helfen könnten, Spannungen zwischen den Bewohnen abzubauen

Die Menschen kommen zu diesen Plätzen, mischen sich ohne Druck und Zwang und lassen ihr kulturelles Gepäck zuhause. Wir schaffen mit unseren Naturprojekten einen neutralen Raum.

Die Immigrantennation soll in Gartenräumen mit chinesischem, malaiischem, indischem und kolonialem Thema zum Ausdruck kommen.

Inselwelten

Singapur ist eine Insel, abgeschnitten vom natürlichen Hinterland Malaysias und zurückgeworfen auf die Inselwelt, die Prinz Utama einst fast zufällig entdeckte, als er seine Krone ins stürmische Wasser vor Singapurs Südküste warf. Das Trauma, das die schmerzhafte Loslösung von Malaysia 1965 hinterlassen hat, sitzt tief. Wie eine Ehescheidung sei das gewesen, sagen viele noch heute. Animositäten dauern an. Erinnerung an die jahrhundertelange Gemeinschaft mit Malaya lebt nur noch in den Mittelbuchstaben des Staatsnamens MalaySIa fort. So hat sich in Singapur eine Inselmentalität entwickelt, die nicht nur die Politik bestimmt, mit ihren Bestrebungen militärisch stark und zugleich international vernetzt zu sein. Sie ist auch tief im Seelenhaushalt der Singapurer verankert.

Singapurer stellen das Hauptkontingent an Touristen in Malaysia. Man fährt über die Straße von Johor zum Einkaufen im billigeren Nachbarland, besucht Verwandte oder macht Ferien auf Penang und Langkawi. Eine kurze Atempause vom durchorganisierten Habitat bieten die eigenen Inseln und Inselchen im Norden und Süden, die sich um die Hauptinsel scharen wie Küken um die Glucke.

Von Changi Village nehme ich die Fähre hinüber nach *Pulau Ubin*, der bumerangförmigen *Granitinsel* im Nordosten. *Kampong*-Holzhäuser auf Stelzen, unter denen Hühner scharren und der dichte Urwald geben das Gefühl, in einer anderen Welt zu sein, zumindest für einen Tag. Tigern wird man kaum noch begegnen, aber Tapire und Wildschweine sind garantiert. Besonders Vogelliebhaber kommen auf ihre Kosten. Hier kann man die großen schwarz-weißen Rhinozeros-Hornvögel aus Südostasiens Wäldern sehen, dazu Fischreiher, Eisvögel und Kolibris.

Pulau Ubin verdanken wir seiner Nähe zur Straße von Johor. Einst wetteten Elefant, Schwein und Frosch, so will es die Legende, wer als erster die Küste von Johor erreichen könne. Das Tier, das es nicht schaffte, würde in Stein verwandelt werden. Die drei Tiere fanden so viele Hindernisse auf dem Weg, dass sie schließlich alle zu Stein wurden. Elefant und Schwein bildeten Pulau Ubin, der Frosch Pulau Sekudu, die Froschinsel. Das Inselchen gegenüber den Bezirken Punggol und Pasir Ris hat reiche Korallenvorkommen und ist geschützt. Es kann wegen seines fragilen Ökosystems nur mit Zustimmung der Naturparkbehörde besucht werden. 250 Korallensorten gibt es rund um Singapur.

Malaiische Legenden aus der Frühgeschichte Singapurs ranken sich auch um einige der südlichen Inseln. Vom Marina South Pier geht es mit der Fähre auf 40-minütige Fahrt nach Pulau Kusu. Drei Männer mit mir im Boot sind auf Angelausflug und freuen sich wie die Schneekönige, an diesem Wochentag dem Arbeitsleben entwischt zu sein. Auf der halbstündigen Fahrt haben wir die ganze Südküste Singapurs mit ihrer beeindruckenden Skyline vor uns. Wie eine dicke Schildkröte liegt Pulau Kusu im Meer. Wer wollte daran zweifeln, dass die Insel mit ihrem bewaldeten Hügel in der Mitte und dem weißen Saum der Sandstrände rundherum wirklich eine verzauberte Schildkröte ist. In den frühen Tagen von Singapur gerieten zwei Fischer, die sich in der Hoffnung auf besseren Fang vom Festland zu weit hinausgewagt hatten, in schwere See. Ihre Boote kenterten, und sie schwammen um ihr Leben. Da hob sich vor ihnen etwas aus dem Wasser. Es war eine riesige Schildkröte, auf die sie sich retten konnten. Als sie auf dem gepanzerten Rücken der Schildkröte standen, bemerkten sie plötzlich, dass er sich in eine Insel verwandelte.

Am Hügel führt eine Treppe steil in die Höhe, so gelb angestrichen wie die vom Schrein für Prinzessin Radin Mas am Mount Faber. Auch hier scheint ein malaiischer Pilgerort zu sein. Das Gelände und die Bäume sind mit roten Stoffstreifen umwickelt. Oben ist eine Bogennische mit arabischer Kalligraphie geschmückt, und ein Heft mit Koranversen in Jawi und Tamil liegt aus. In einer zweiten Nische sind Orangen vor einem kleinen chinesischen Glücksgott aufgeschichtet. In dem *Keramat*, dem Schrein, werden Syed Abdul Rahman, seine Mutter und seine Schwester Fatimah verehrt, von denen es heißt, sie hätten ein besonders gottesfürchtiges Leben geführt. Syed Abdul Rahman ist der Stammvater der arabisch-singapurischen Alsagoff-Familie aus dem Jemen. Zu Ramadan, klettern viele Pilger die 152 Stufen zum Schrein hinauf und beten für Glück, gute Ehe und Kindersegen.

Gegensätzlich wie *yin* und *yang* liegen der malaiische Schrein und der chinesische Tempel Tua Peh Kong einander gegenüber. Der eine im Waldesdunkel auf der Anhöhe, der andere im Offenen am Meer. Mit seinen knallroten Toren und dem weißen Marmor des Schildkrötenbrunnens wirkt Tua Peh Kong funkelnagelneu, wurde aber schon 1927 von einem chinesischen Kaufmann erbaut. Auch hierher kommen Pilger, die für Kindersegen beten, ist doch die Schildkröte Sinnbild von Langlebigkeit und Fruchtbarkeit. Die Strände laden zum Baden ein. An diesem windigen Tag sind sie aber nicht freigegeben.

In der Ferne sehe ich zwei kleine Hügel im Meer, Subar Laut und Subar Darat, die Schwesterninseln. Vor langer Zeit lebte ein Schwesternpaar friedlich bei seinem Onkel am Meer. Als eine der Schwestern von Piraten geraubt wurde, war die andere so untröstlich, dass sie dem Kaperschiff hinterher schwamm. Da sprang die geraubte

Schwester über Bord und beide schwammen aufeinander zu bis sie im Meer verschwanden. Bald darauf erhoben sich an dieser Stelle zwei Inseln.

Ein Eldorado für Sportfischer und Taucher sind zwei andere nahe beieinander liegende Inseln, die große und die kleine Geisterinsel, gemeinsam Pulau Hantu, genannt. Während der Flut verschwinden sie, und so rankt sich auch um sie eine Legende. Sie sind die Geister zweier im Kampf miteinander gestorbener Krieger.

Auf der Rückfahrt hält die Fähre am St. John´s Island. Die größte dieser südlichen Inselgruppe beherbergt die meeresbiologische Forschungsstation und eine Fischzuchtanlage. Früher war sie Leprastation und später, während der Zeit der japanischen Besetzung im II. Weltkrieg, Gefangenenlager. Heute lädt sie zum Herumschlendern unter den alten Bäumen und zum picknicken ein. In der Ferne liegt im Dunst die Stadt mit ihren Hochhäusern. Hier ist alles still. Ich sehe einen alten Mann aus einem Einbaum Wasser schöpfen. Der ist bestimmt kein Tagesbesucher. *Nein, der Alte lebt hier*, sagt der junge Inder, der alle ankommenden Fähren empfängt und dafür sorgen muss, dass die Besucher nicht das letzte Schiff zurück in die Stadt verpassen. Drei Familien leben seit alters her auf der Insel und kümmern sich um deren Instandhaltung. Hinter der Wohnsiedlung aus weißen Holzhäusern entdecke ich eine Surau, eine islamische Kapelle. Außer diesen Ansässigen müssen alle Besucher abends weg, auch die

Angestellten der Institute. Den jungen Inder treffe ich später im Bus wieder, auf der Rückfahrt vom Marina South Pier in die Stadt.

Eine weit weniger legendenhafte Entstehungsgeschichte als Pulau Kusu, die Schwestern- und die Geisterinseln hat Pulau Semakau, auch im Süden gelegen. Sie wurde eigens geschaffen, um den Müll der Millionenstadt aufzunehmen. Umweltminister aus Japan, Neuseeland und Samoa haben sich hier schon schlau gemacht, wie man den Müll möglichst unschädlich entsorgt und ihn gleichzeitig in ein Erholungsgebiet verwandelt. Seltene Vögel nisten auf Semakau, und gefährdete weiße Delphine schwimmen vor der Küste. Die Insel ist das ganze Jahr ausgebucht. Fischer kommen am Tage hierher, Astronomen nachts, wegen des dunklen Himmels fern von den Lichtern der Stadt, Schulkinder für Wattwanderungen und Hochzeitspaare fürs Foto.

Nicht mehr als einen Wochenendausflug von Singapur entfernt sind zwei Tropenparadiese, deren Resort Hotels fast ganz von stadtmüden Singapurern leben, die Inseln Bintan und Batam, zur indonesischen Riau Inselgruppe gehörig. Ich wähle Bintan, weil sie die Nähere ist. Mit dem Katamaran geht es vom Tanah Merah Ferry Terminal in Changi über das südchinesische Meer, und in weniger als einer Stunde sind wir da. Auch wenn alles fast so durchorganisiert ist, wie zuhause, mit den an diesen beiden Wochentagen recht wenigen Besuchern aus Singapur genieße ich Palmen, Sand und wirklich türkisblaues Meer in einer der vielen Badebuchten, den Komfort der palmblattgedeckten Hotelpavillons und das Meeresfrüchte-Buffet. Eine Abenteuerreise ist das nicht gerade, aber sehr entspannend und für mich Nordländerin tropisch genug. Freunde meinen, Batam, eine gute halbe Stunde von Bintan entfernt, sei noch schöner und vielseitiger. Das werde ich später einmal ausprobieren. Inselhopping ist von Singapur aus ein Kinderspiel. Selbst Bali ist nicht fern.

Nachwort

Ich lebe gerne in Singapur. Das rutschte mir spontan heraus, als mich eine flüchtige Bekannte fragte, ob es denn bald in mein Heimatland zurückgehe. Die Schweiz Asiens ist wie ihre europäische Namensvetterin weit weniger uninteressant als ihr Ruf. Ihr scheint in dem zugegeben kleinen und überschaubaren Rahmen eines Stadtstaats zu gelingen, worum viele Länder kämpfen. Eine ethnisch und religiös gemischte Bevölkerung so zu integrieren, dass sie friedlich miteinander lebt und sich in Singapur zuhause fühlt. Singapur scheint zu beweisen, dass saubere Straßen, verlässliche Verkehrsmittel, gute Schulen und leistungsfähige Krankenhäuser, kurz ein ziemlich allgemeiner Wohlstand, nicht gleichbedeutend mit langweilig sein müssen. Hier gibt es keine Inseln des Reichtums zwischen Wüsten krasser Armut, und der öffentliche Raum ist für alle da.

Ein Utopia? Vielleicht nicht ganz. Das fast angstvolle Streben immer vorne zu sein, die immer noch vorhandenen Einschränkungen der

Bürgerrechte, die extreme Konsumorientierung dämpfen die Begeisterung. Doch ein vielfältiges Kaleidoskop Asiens im Miniformat und ein ungewöhnliches gesellschaftliches Experiment ist der Inselstaat allemal.

Reicht das zum Wohlfühlen? Ja, denn das größte Kapital Singapurs sind seine Menschen. Nicht im Sinne von *Human Resource*, wie die Regierung es gerne betont, sondern als Nachbarn, Freunde, Zufallsbekanntschaften. Nicht von ungefähr werden Ältere gerne mit *Tantchen* oder *Onkel* angeredet und ist die Familie so wichtig. Diese Wohlstandsinsel hat sich bei allem Eifer, im 21. Jahrhundert wirtschaftlich nicht abgehängt zu werden, Menschlichkeit bewahrt. Die latente Aggressivität, wie ich sie in mancher anderen Metropole erlebt habe, in der die Menschen dicht an dicht leben müssen, ist in Singapur abwesend. Man hat Zeit für einen Schwatz in der Bahn, will das Woher und Wohin wissen, und alle reden miteinander.

So schnappe ich ein paar Brocken Chinesisch, Malaiisch und Tamil auf, allein vom Zuhören. Das wird später bald vergessen sein, aber die Erinnerung an Stunden im Morgenlicht des Waldes der Bukit Timah Nature Reserve, ein schnelles Lunch im von Stimmen summenden Food Court, in dem ein Tisch für die Geister gedeckt ist, *Vesak Day* im burmesischen Tempel, ein Picknick mit Freunden im East Coast Park wird bleiben. Auf gut *Singlish* gesagt: *This country shiok man! / Ey, Mann, das Land ist super!*

We, the citizens of Singapore, pledge ourselves as one united people, regardless of race, language or religion.

Kami, warga negara Singapura,sebagai rakyat yang bersatu padu, tidak kira apa bangsa, bahasa, atau ugama.

鎴戜滑鏄柊鍔犲潯鍏姘,瑾撴効涓嶅垎缁嶆棌銆佽

璇佸睦鏁欏細鍥

சிங்கப்பூர் குடிமக்களாகிய நாம் இனம், மொழி, மதம் ஆகிய வேற்றுமைகளை மறந்து ஒன்றுபட்டு, நம் நாடு மகிழ்ச்சி, வளம், முன்னேற்றம் ஆகியவற்றை அடையும்